KEMURUNGAN DI KALANGAN WARGA TUA

Dr MOHAMED SHARIF MUSTAFFA

and

SYED OTHMAN AHMAD ALKAFF

Prepared by Fast Publication

www.FastPublication.com

ISBN-10: 1470017504

ISBN-13: 978-1470017507

This book is derived from a research which was for a dissertation submitted in partial fulfillment of the requirements for the award of the degree of Master of Education (Guidance and Counseling) in Faculty of Education, Universiti Teknologi Malaysia.

KANDUNGAN

BAB I   **PENDAHULUAN**

BAB II   SOROTAN KAJIAN

BAB III   METODOLOGI KAJIAN

BAB 1V   **DAPATAN KAJIAN**

BAB V   **PERBINCANGAN, RUMUSAN DAN CADANGAN**

BAB I

PENDAHULUAN

1.1 Pengenalan

Allah Subhanahu waTa'ala telah menerangkan bahawa umur manusia di dunia ini adalah berpindah keadaannya dari satu ke satu keadaan dan dari satu peringkat ke satu peringkat yang lain, sebagaimana firmanNya dalam Surah al-Hajj (22), ayat 5:

$$.....وَنُقِرُّ فِى ٱلْأَرْحَامِ مَا نَشَآءُ إِلَىٰٓ أَجَلٍ مُّسَمًّى ثُمَّ نُخْرِجُكُمْ طِفْلًا$$

$$ثُمَّ لِتَبْلُغُوٓا۟ أَشُدَّكُمْ ۖ وَمِنكُم مَّن يُتَوَفَّىٰ وَمِنكُم مَّن يُرَدُّ إِلَىٰٓ$$

$$أَرْذَلِ ٱلْعُمُرِ لِكَيْلَا يَعْلَمَ مِنۢ بَعْدِ عِلْمٍ شَيْئًا ۚ ... 🌼$$

Terjemahan::

"Dan Kami pula menetapkan dalam kandungan rahim (ibu yang mengandung itu) apa yang Kami rancangkan hingga suatu masa yang ditentukan lahirnya; kemudian Kami mengeluarkan kamu berupa kanak-kanak; kemudian (kamu dipelihara) hingga sampai peringkat umur dewasa; dan dalam pada itu ada di antara kamu yang dimatikan (semasa kecil atau semasa dewasa) dan ada pula yang dilanjutkan umurnya ke peringkat tua nyanyuk sehingga ia tidak mengetahui lagi akan sesuatu yang telah diketahuinya dahulu".

Ulama Islam Imam Ibnu al-Jauzi dalam **Habib Abdullah Haddad** (1998:40-41) telah membahagikan umur manusia ini menjadi lima masa iaitu:

Pertama : Masa Kanak-kanak - sejak dilahirkan hingga mencapai umur lima belas tahun.

Kedua   : Masa Muda - dari umur lima belas tahun hingga umur tiga puluh lima tahun.

Ketiga   : Masa Dewasa - dari umur tiga puluh lima tahun hingga umur lima puluh tahun.

Keempat : Masa Tua - dari umur lima puluh tahun hingga umur tujuh puluh tahun.

Kelima   : Masa Usia Lanjut - dari umur tujuh puluh tahun hingga akhir umur yang dikurniakan oleh Allah.

Oleh kerana sasaran kajian ini adalah orang tua, maka kita hanya memetik tahap keeempat dan kelima sebagai peringatan yang dinyatakan oleh Habib Abdullah Haddad (1998:44-45 & 72). Dalam peringkat umur tua inilah akan kelihatan tanda-tanda kelemahan bagi seseorang, sehingga kekuatannya mula merosot sedikit demi sedikit dari kemuncaknya menurun ke bawah, lalu ia menjadi lemah selepas satu masa dahulu ia kuat. Peringkat umur ini dinamakan oleh Rasulullah saw masa 'pergelutan dengan maut', yaitu masa-masa umur enam puluhan hingga tujuh puluhan. Dalam hal ini beliau bersabda:

$$\text{حَصَادُ أُمَتِيْ مِنَ السِّتِيْنَ إِلَى السَّبْعِيْنَ}$$

"Umur umatku dari enam puluh hingga tujuh puluh tahun".

(HR. Muslim & Nasa-i)

Berkata Wahab bin Munabbih: "Aku membaca dalam beberapa kitab, bahawasanya ada suatu suara menyeru dari langit keempat pada setiap pagi: Wahai orang-orang yang telah berusia empat puluh tahun! kamu adalah tanaman yang telah dekat dengan masa penuaiannya. Wahai orang-orang yang telah berusia lima puluh tahun! Sudahkah kamu ingat tentang apa yang telah kamu perbuat dan apa yang belum? Wahai orang-orang yang telah berusia enam puluh tahun! Tidak ada alasan lagi untuk kamu. Oh, alangkah baiknya seandainya semua mahluk tidak diciptakan! Atau jika mereka telah diciptakan, sebaiknya mereka mengetahui, mengapa mereka diciptakan. Awas, saatmu kamu telah tiba! Waspadalah!".

Sehubungan dengan perkara itu, beliau berpesan, maka hendaklah setiap diri Muslim itu memerhatikan masa yang terluang serta tidak menyia-yiakan kesihatannya untuk mentaati Allah SWT dan tidak hanya bergantung sepenuhnya kepada amalan yang telah lalu. Ini sesuai dengan pesanan junjungan besar kita Nabi Muhammad s.a.w. dalam sebuah hadis yang diriwayatkan oleh al Hakim (1978:Jilid 4, 306):

$$\text{إِغْتَنِمْ خَمْسًا قَبْلَ خَمْسٍ: حَيَاتَكَ قَبْلَ مَوْتِكَ، وَصِحَّتَكَ قَبْلَ سَقَمِكَ، وَفَرَاغَكَ قَبْلَ شُغْلِكَ، وَشَبَابَكَ قَبْلَ هَرَمِكَ، وَغِنَاكَ قَبْلَ فَقْرِكَ.}$$

Maksudnya:

*"Rebutlah olehmu akan lima perkara sebelum datang lima
perkara; hidup kamu sebelum mati, sihat kamu sebelum
sakit, masa lapang kamu sebelum masa kesibukan kamu,
muda kamu sebelum tua, dan kaya kamu sebelum miskin".*

Sehubungan dengan pesanan ini maka selanjutnya kita menjelaskan hubungan antara 'penyakit kemurungan' yang menimpa atau yang sering dialami oleh warga tua.

Risalah yang dikeluarkan Kementerian Kesihatan Singapura (2004) menyatakan kemurungan, atau perasaan sedih, merupakan emosi biasa yang agak lazim bagi manusia semua. Masalah kewangan, pekerjaan atau hubungan selalu membuat manusia berasa kecewa. Walaubagaimanapun, dengan perjalanan masa, manusia mempelajari cara untuk mengatasi masalah ini atau menerima hakikatnya. Manusia menyedari bahawa hidup ini mempunyai pasang-surutnya, dan manusia dapat meneruskannya walaupun kadangkala, manusia mungkin menghadapi kesusahan. Tetapi di dalam sesetengah kes, kemurungan tidak hilang begitu saja atau memakan masa lebih lama atau menjadi lebih mendalam daripada sepatutnya. Apabila gejala kemurungan menjadi terlalu serius sehingga menjejas kehidupan harian manusia, ia menjadi satu masalah perubatan. Mereka yang mengalami kemurungan biasanya mempunyai masalah untuk melakukan pekerjaan mereka, atau tidak dapat memenuhi tanggungjawab mereka di rumah. Mereka mendapati pengalaman hidup mereka tidak lagi menarik atau bermakna, malah ada yang akan memikirkan tentang kematian. Walau bagaimanapun, adalah penting untuk mengetahui bahawa kemurungan boleh diubati. (Risalah Kementerian Kesihatan Singapura, 2004)

Selain daripada perasaan sedih, gejala kemurungan mungkin termasuk perubahan emosi lain seperti kebimbangan, cepat marah atau keletihan. Lain pesakit lain pula gejalanya, ada yang berbentuk mental, kelakuan atau fizikal. Apabila gejala-gejala ini menjadi terlalu serius sehingga mengganggu kehidupan sosial, pekerjaan atau kekeluargaan, kemurungan menjadi satu penyakit.

Gejala-gejala berikut boleh dilihat pada kemurungan: Fairuz Abdullah (2009:186-187)

- *Mood* (Perasaan hati) yang rendah.
- Hilang semangat untuk hidup dan ketidakmampuan untuk merasa seronok dalam keadaan yang biasa dilakukan.
- Kekurangan semangat atau motivasi dan merasa sungguh susah membuat kerja-kerja yang walaupun mudah.
- Rasa terlalu letih meskipun tidak melakukannya dengan bersungguh-sungguh, atau membuat kerja yang mudah atau *extra effort*, motivasi dan semangat yang rendah
- Berat badan turun naik mengikut selera makan terlalu berat atau terlalu kurus
- Kurang tidur atau tidur berlebihan
- Kehilangan rasa kasih sayang, kehilangan nafsu seks.
- Perasaan tidak selesa, gelisah membuatkan seseorang itu tidak mahu berdiam diri berehat dan relaks

- Hilang *self-confidence*, semangat, menyisihkan diri dari orang ramai.
- Cepat marah dan mudah naik darah
- Merasakan diri tidak berguna, bodoh, tolol tiada harapan, tiada pertolongan serba kekurangan dan masa depan yang kabur
- Merasa bersalah, tidak bernilai apa-apa tiada mendapat pertolongan yang setimpal
- Merasa lemah dan keletihan selalunya di waktu pagi
- Susah untuk tidur, selalu sahaja terbangun di awal pagi, sekurang-kurangnya satu atau dua jam lebih awal dari biasa dan susah untuk tidur semula
- Tekanan perasaan yang memuncak hingga kepada ingin membunuh diri. Ini adalah sesuatu yang biasa bagi pengidap kemurungan. Justeru perlu dilindungi dari masa ke semasa kerana pesakit sangat memerlukan pertolongan.

Menurut Risalah Kementerian Kesihatan Singapura (2004), kemurungan boleh menjejas sesiapa saja dari sebarang latar belakang sosial, budaya atau ekonomi Kajian telah menunjukkan bahawa 9-20% daripada penduduk mungkin akan terjejas seumur hidup. Di Singapura, kemurungan menjejas 8.6% orang dewasa dan 5.7% orang tua yang berusia 65 tahun ke atas. Kemurungan cenderung untuk berulang jika tidak dirawat. Ia juga berlaku seiring dengan pelbagai keadaan perubatan seperti barah, penyakit kencing manis atau jantung, dan masalah psikiatrik lain.

Patrick Mathiasen dan Suzanne Levert (1998:1) mengatakan bahawa sudah sekian lama manusia menganggap kedua perkara ini sebagai teman yang semula jadi. Lagipun, kebanyakan perubahan yang seiring dengan penuaan berpunca dari kemurungan. Kesan masa ke atas diri dan jiwa orang tua adalah sesuatu yang amat berat. Ia merupakan tekanan untuk orang tua menjaga pasangannya yang jatuh sakit. Ia adalah sangat berat bagi jiwa yang terpaksa kehilangan orang yang disayang. Bahkan tersangat berat untuk memikirkan kematian diri orang tua itu sendiri. Walau apa carapun orang tua cuba menghindarinya, perubahan semulajadi itu tetap akan datang dan pasti berlaku.

Kemurungan menurut Patrick Mathiasen dan Susanne LeVert (1998:1-2) lagi, bukanlah keadaan semulajadi yang datang pada usia tertentu. Ia adalah penyakit yang *serius* yang bukan sahaja boleh melemahkan semangat samada secara rohani dan sosial, bahkan ia boleh menyebabkan penyakit fizikal yang dapat membahayakan nyawa. Masyarakat Amerika begitu juga para doktornya yang masih berpendapat bahwa kemurungan dan penuaan adalah seiring, menjadikan penyakit ini banyak dideritai oleh warga tua. Berjuta lelaki dan perempuan yang berumur 65 tahun dan lebih – sekurang-kurang 15% daripada populasi penuaan ini – tidak dapat menikmati hidup semasa meningkat usia menjadi tua kerana penyakit kemurungan ini.

Bahkan jika manusia memerhatikan ibubapa mereka dan teman-temannya, manusia dapat lihat realiti umur yang cepat berubah itu. Di taman-taman sekarang ini, manusia akan dapati mereka yang berumur enam dan tujuh puluhan tahun sedang berjalan-jalan, berlari-lari anak hingga ada yang bersepatu roda sedang beriadah di situ. Ramai kalangan lelaki dan wanita masih berkerja walaupun selepas tempoh umur tradisi pencen enam puluh lima tahun. Ramai warga yang berumur masih terus hidup berdikari, satu keadaan yang belum pernah terjadi sebelum ini, samada dengan keluarga-keluarga mereka atau di bawah sesebuah komuniti atau institusi yang dibantu. Bahkan kebanyakan manusia sekarang dijangka untuk meningkat usia menjadi tua dalam keadaan sihat dan kuat daya tahan disamping mereka berusaha membantu ibubapa mereka melalui kehidupan akhir mereka dengann lemah lembut, berakhlak dan bertenaga.

Walaupun demikian, tambah Patrick Mathiasen dan Susanne LeVert (1998:1-2), penuaan tetap tidak dapat dielakkan dan tetap dipenuhi dengan berbagai cabaran psikologi, cabaran pengubatan dan cabaran sosial. Walaupun penuaan sepatutnya menjadi satu proses yang sangat penting dan memuaskan, masyarakat masih tetap berpegang dengan budaya 'mendewa-dewakan' keremajaan. Masyarakat baru sahaja hendak menerima dan membentuk konsep sebuah masyarakat di mana warga tua memainkan peranan yang *integral* dan semulajadi. Mereka yang baru masuk umur 'emas' sekarang ini, yang terpaksa bergelut dengan dikotomi kemungkinan berdaya tahan atau terus menghadapi celaan yang berterusan akan penuaan, pasti akan menjadi stres dengan cabaran itu.

Menurut Institut Kebangsaan Untuk Kesihatan Mental, Malaysia, terdapat 3 hingga 4 juta orang lelaki mengalami kemurungan, manakala golongan wanita adalah dua kali ganda daripada jumlah itu (Azizi, 2006:138).

Kemurungan yang keterlaluan adalah *mood* (perasaan hati) yang murung hampir sepanjang hari ataupun hampir setiap hari, hilang minat pada semua perkara dalam jangka masa dua minggu (APA, 1987). Tidak semestinya seseorang yang mengadu rasa murung, didiagnosiskan dengan kemurungan yang keterlaluan. Kemurungan perasaan hati dapat diketahui dengan memerhatikan tingkah laku seseorang. Biasanya, seseorang tidak akan mengadu kehilangan minat atau keseronokan, tetapi orang lain menyedarinya apabila mereka suka melarikan diri daripada perkara yang diminati dan kawan-kawan. (Azizi, 2006:138).

Seseorang mengalami kesedihan yang berpanjangan dan mood yang kosong, rasa bersalah, perasaan tidak berharga dan mengalami penyakit fizikal seperti sakit kepala, kesakitan yang kronik ataupun gangguan penghadaman.

Sifat lain kemurungan yang keterlaluan termasuk hilang minat dan hilang keseronokan dalam kebanyakan aktiviti, perubahan berat badan yang signifikan dan gangguan selera makan (terutamanya tiada selera makan), gangguan tidur (contohnya, insomnia), pergerakan yang perlahan dan kegelisahan pertuturan yang mengurangkan perasaan bertenaga dan berasa tidak bernilai. Sifat lain termasuk sukar berfikir, mengingat kembali pemikiran yang belum pasti tentang mati dan percubaan untuk membunuh diri. (Azizi, 2006:139)

Akibatnya seseorang ini akhirnya tidak dapat berfungsi walaupun secara minimum seperti makan, menjaga kebersihan dan lain lain Selain itu kemurungan yang keterlaluan ini juga menunjukkan simptom yang teruk seperti tidak berdaya bangun tidur. Satu lagi bentuk kemurungan dikenali sebagai gangguan berkala yang berkaitan dengan perubahan musim dalam bentuk jumlah waktu siang. Jika empat ataupun lebih simptom seperti di atas berlaku secara berpanjangan dan biasanya lebih daripada dua minggu, episod kemurungan ini dianggap serius dan memerlukan rawatan. (Azizi, 2006:139)

Kesimpulannya, tahap-tahap kemurungan di kalangan warga tua perlu di beri perhatian, jangan sampai keadaan mereka berfikiran ingin membunuh diri sebagaimana yang dilaporkan. Perasaan seperti ini sewajarnya diambil perhatian secara serius. Selalunya apabila ada percubaan mencederakan diri sendiri menjadi bertambah kuat, ini adalah tanda seseorang itu sudah terdesak untuk mendapatkan pertolongan. Kesan emosi yang negatif sebegini tidak seharusnya wujud dalam kehidupan seorang muslim lebih-lebih dikalangan warga tua. Bentuk sokongan yang terbaik wajar difikirkan dan dilaksanakan bagi mengatasi masalah sebegini timbul. Oleh kerana itu, pengkaji terdorong untuk menjalankan kajian ke atas masalah kemurungan dan berharap dari kajian ini nanti permasalahan tersebut dapat diketengahkan agar pihak tertentu dapat memberi perhatian dan secara tidak langsung memperoleh pengajaran daripada apa yang berlaku. Bab seterusnya, pengkaji akan menganalisa masalah kemurungan samada tahap-tahapnya, kesan terhadap emosi serta bentuk sokongan yang diperlukan..

1.2   Latar Belakang Masalah

Dengan bertambahnya penduduk yang dikategorikan sebagai warga tua, maka tanggungjawab sosial terhadap warga tua ini perlulah dipikul bersama oleh seluruh masyarakat termasuklah dari segi keperluan fizikal, mental dan emosi. Akan tetapi, dapat dilihat bahawa peratusan kemasukan warga tua di setiap institusi kebajikan semakin meningkat. Kemasukan warga tua ke institusi mungkin kerana faktor-faktor yang tidak dapat dielakkan seperti keadaan mereka yang hidup sebatang kara, kehidupan yang terlalu daif atau disebabkan mereka merempat di jalanan sehingga mengganggu orang ramai. Walaupun begitu, masih banyak lagi kes yang melibatkan 'pembuangan' ibu bapa ke institusi kebajikan oleh anak-anak sendiri (Jabatan Penerangan Malaysia).

Lembaga Penduduk dan Pembangunan Keluarga Negara menganggarkan jumlah penduduk Malaysia yang berumur enam puluh lima tahun ke atas mencapai satu juta orang atau 4.2 peratus menjelang tahun 2000 dan dua juta orang atau 6.1 peratus menjelang 2020. (Mohamad Jamil Yaacob, 2005:51). Lihat rajah 1.1 mengenai Statistik Penduduk Malaysia

Rajah 1.1   Statistik Penduduk Malaysia (Dikemaskini pada 3 Julai 2009)

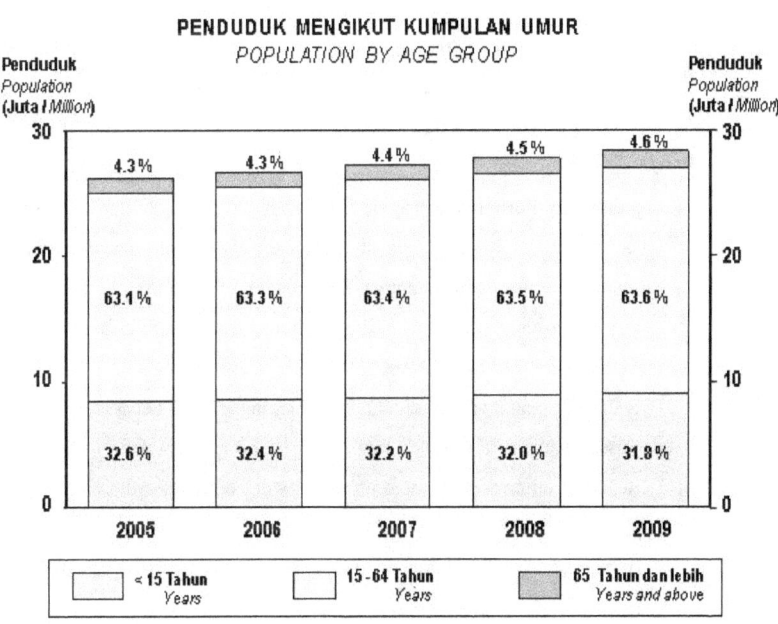

Ini bermakna, menjelang tahun negara maju menurut acuan sendiri, rakyat Malaysia mula merasai kehadiran warga tua dalam populasi yang ramai. Pada masa itu, pelbagai masalah berkaitan dengan penjagaan kesihatan, keselamatan sosial timbul. Negara perlu bersedia menangani persoalan yang timbul akibat daripada peningkatan populasi warga. (Mohamad Jamil Yaacob, 2005:51)

Maka itu, permasalahan warga tua ini juga telah mendapat perhatian ahli parlimen SeMalaysia semasa sidang dewan rakyat yang bertemu pada 11 April 2007 membincangkan Rang Undang-Undang Pusat Jagaan (Pindaan) 2006 pada hari tersebut di mana Setiausaha Parlimen Kementerian Pembangunan Wanita, Keluarga dan Masyarakat, Datin Paduka Chew Mei Fun, memohon untuk mencadangkan bahawa Rang Undang-undang bernama suatu akta untuk meminda Akta Pusat Jagaan 1993 Akta 506 dibacakan bagi kali yang kedua. (Dewan Rakyat, 2007:32)

Datin Paduka Chew Mei Fun, juga berkata: berikutan meningkatnya penyertaan ibu bapa atau anak-anak mereka dalam pasaran tenaga buruh pada penghujung tahun 1980'an dan perubahan sistem kekeluargaan daripada keluarga luas kepada keluarga asas banyak pusat jagaan persendirian telah ditubuhkan bagi menawarkan perkhidmatan jagaan untuk ibu bapa yang sudah tua, anak-anak dan orang kurang upaya. Sehubungan itu, Akta Pusat Jagaan 1993 telah digubal untuk mengadakan peruntukan bagi pendaftaran pengawalan dan pemeriksaan ke atas pusat-pusat jagaan supaya dapat dikekalkan *standard minimum* seperti yang telah ditetapkan. Sejak pewartaannya pada tahun 1993, akta ini tidak pernah melalui sebarang proses pindaan. Akta ini diwujudkan berdasarkan beberapa falsafah utama iaitu: (Laporan Dewan Rakyat, 2007:32)

(i) memberi penjagaan dan pemeliharaan yang khusus kepada penghuni yang tinggal di pusat jagaan seperti warga emas, orang kurang upaya dan juga kanak-kanak;

(ii) dapat mengurangkan masalah sosial yang berlaku terutamanya yang melibatkan pengabaian warga emas, orang kurang upaya serta kanak-kanak;

(iii) menjadikan perkhidmatan pusat jagaan ini sebagai tempat untuk meluaskan pergaulan dan menjalankan aktiviti harian bersama rakan-rakan; dan

(iv) menjadikan pusat jagaan sebagai tempat kemudahan jagaan harian gantian bagi memenuhi keperluan ibu bapa atau anak-anak yang bekerja.

Masalah populasi rakyat yang semakin tua juga telah mendapat banyak perhatian di negara jiran Singapura. Menurut Statistik Kementerian Pembangunan Masyarakat, Belia dan Sukan, Singapura dalam buku laporannya *Population In Brief:2009* menyatakan bahawa kadar penduduk Singapura yang sudah tua, yang ditakrifkan sebagai orang yang berusia 65 tahun dan lebih tua, telah tumbuh secara drastik sejak kemerdekaan negara itu pada tahun 1965. Asalnya hanya terdiri 2.5% dari penduduk pada tahun 1965, peratusan ini telah tumbuh menjadi 8.7% pada tahun

2009. Secara mutlak, jumlah usia telah tumbuh dari 47,200 orang kepada 330,100 orang dalam tempoh itu. Bukan itu sahaja tetapi penuaan daripada penduduk yang lanjut usia di Singapura juga telah berkembang menjadi bertambah tua. Proporsi usia yang sangat tua melebihi usia 85 tahun dan ke atas telah tumbuh 0.2% dari populasi penduduk pada tahun 1980 menjadi sekitar 0.7% dari pertengahan tahun 2000-an, sementara jumlah telah berkembang daripada 4,500 pada tahun 1980 menjadi lebih daripada 27,800 pada tahun 2009. Lihat rajah 1.2 tentang kadar pertumbuhan penduduk Singapura.

Rajah 1.2 : Kadar pertumbuhan penduduk Singapura menurut kumpulan umur

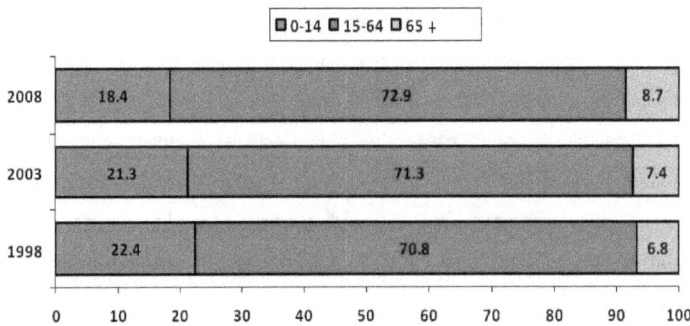

Dengan demikian, jumlah orang muda berusia 15-64 untuk setiap penduduk berusia 65 dan ke atas (yaitu usia tua sokongan-nisbah) turun dari 10.4 di 1998 menjadi 8.4 pada tahun 2008.

Maka itu kerajaan Singapura, sedang sibuk menyiapkan program untuk mengintegrasikan sistem penjagaan kesihatan dengan sistem pengurusan warga tua supaya terdapat jalinan yang licin dalam prasarana kemudahan kesihatan. Dalam beberapa tahun ini, pemerintah telah menggubal dasar untuk membantu rakyat Singapura bersiap sedia untuk hari tua. Pelbagai jawatankuasa berbilang agensi telah dibentuk untuk membuat kajian holistik mengenai penuaan.(Eleanor Yap, 2009:3)

Pada Mac 2007, sebuah Jawatankuasa Kementerian mengenai penuaan telah dibentuk untuk menyelaras respon Pemerintah terhadap populasi yang menua. Dipengerusikan oleh Menteri tanpa potfolio, Encik Lim Boon Heng, visi jawatankuasa ini adalah untuk mencapai "Penuaan Berjaya di Singapura" melalui empat bidang utama:

- Keselamatan Pekerjaan dan kewangan
- Penjagaan kesihatan dan penjagaan warga tua
- Penuaan setempat
- Penuaan aktif

Statistik mengenai jumlah peningkatan populasi penduduk warga tua berbanding populasi warga muda di setiap negara di dunia ini oleh Julie Barrett-Lenard (2006) amat membimbangkan, di mana beliau melaporkan bahawa menurut United Nations sekarang ini bagi setiap 10 orang terdapat satu orang yang berumur 60 tahun ke atas, dan dalam tahun 2050 dijangkakan ia akan menjadi satu orang dalam setiap 5 orang, bahkan di negara-negara membangun ia telahpun berlaku sekarang dan dijangka akan terus meningkat menjadi satu orang dalam setiap empat orang atau seterusnya satu dalam dua orang penduduk negara. Peningkatan ini sedang berlaku dengan pesat di Amerika dan juga di United Kingdoms.

Robert Buckman & Anne Charlish (2006: 11) menyatakan bahawa kemurungan adalah dua kali lebih kerap daripada diabetes dan tiga kali lebih kerap daripada kanser dan lebih kerap daripada asma. Satu daripada empat orang akan menghidapi semacam penyakit mental pada satu masa tertentu dalam hidup mereka, manakala satu daripada lima orang akan menghidapi kemurungan. Pada satu-satu masa tertentu kira-kira lima peratus (1 daripada 20) orang menghidapi kemurungan yang teruk. Lima peratus lagi menghidapi bentuk kemurungan yang lebih sederhana.

Namun demikian ia juga paling kurang difahami oleh mereka yang tidak pernah mengalaminya. Idea bahawa kemurungan disebabkan oleh diri sendiri dan jika perlu harus membebaskan diri dari keadaan itu, semuanya akan pulih semula, masih merupakan tanggapan umum. Kerap kali orang yang mengalami kemurungan tidak menyedari dan menganggap gejala fizikalnya seperti sakit kepala dan kelesuan sebagai sakit fizikal. Mereka kemudiannya menganggap bahawa keadaan emosi mereka disebabkan oleh sakit fizikal tersebut. Malahan mereka percaya bahawa kemurungan bukanlah kesakitan sebenar atau sekurang-kurangnya tidak perlu diberi perhatian serius.

Seterusnya, beliau (2006:6) mengatakan hakikat bahawa terdapat pelbagai kemurungan yang berbeza mungkin lebih merumitkan keadaan. Tambahan pula, terdapat banyak gejala kemurungan, seperti susah tidur, sentiasa rasa letih, hilang libido, kurang penumpuan perhatian atau cepat marah yang mungkin merupakan gejala bagi keadaan lain atau hanyalah kejanggalan sementara. Ini bermakna bahawa kadang-kadang adalah sukar untuk menyedari bahawa mereka memerlukan bantuan.

Allan Young (2005:9) mengatakan terkadang jangkamasa mereka yang murung disebabkan pengalaman sulit dalam kehidupan seharian, misalnya kehilangan seseorang yang sangat disayangi, putus hubungan dengan seseorang yang rapat, diberhentikan kerja, boleh berlanjutan sehingga berminggu-minggu dan boleh jadi sesuatu yang menyeramkan. Katanya lagi (2005:10) istilah murung sering digunakan manusia setiap hari untuk merujuk kepada satu keadaan kesedihan dan bosan. Tetapi katanya lagi, kemurungan yang sebenar ialah jika:

- perasaan negatif itu berlarutan lebih daripada 2 minggu;
- perasaan tersebut benar-benar mengganggu kerja, perhubungan dan kehidupan harian seseorang

Finch & Seeman (1999) menyatakan bahawa melalui perspektif psikologi, proses yang utama bagi warga tua ialah menyesuaikan diri dengan perubahan fizikal dan biologi, kesihatan, bersara daripada kerja dan bersedia menerima kematian. Ini adalah antara cara mengatasi kesan emosi ke atas warga tua. Teori tekanan hormon berpegang kepada faktor bahawa proses penuaan yang berlaku dalam sistem hormon pada masa tua boleh mengurangkan daya tahan diri terhadap tekanan dan meningkatkan risiko kepada penyakit.

Mengesan kemurungan di kalangan golongan tua mungkin rumit disebabkan beberapa faktor. Selalunya gejala kemurungan dikaitkan dengan proses menjadi tua atau suatu keadaan kesihatan dan bukannya berkenaan dengan kemurungan. Faktor-faktor yang menyebabkannya termasuk kesusahan untuk menghadapi kehilangan teman hidup atau kawan karib, kesakitan dan penyakit kronik, kehilangan mobiliti atau daya ingatan, perubahan keadaan seperti pindah dari rumah ke pusat orang-orang yang bersara atau perubahan dalam keluarga. Kemurungan juga boleh menjadi tanda terhadap suatu masalah perubatan. Ianya boleh menjadi rumit akibat gangguan otak yang dikaitkan dengan proses meningkat usia seperti penyakit Alzheimer atau sindrom otak organik.(Risalah Hospital Changi, Singapura, 2006)

Secara umumnya walaupun bukan selalunya, kemurungan menurut Melvyn Lurie (2007:16) menjadikan seorang itu kurang aktif. Mereka akan duduk atau berbaring sepanjang hari. Mereka suka berkerut muka atau memicit-micit tangan mereka. Mereka tidak peduli dengan penampilan mereka, kalau berpakaian pun akan kelihatan tidak terurus. Selalunya, mereka tidak ambil endah akan apa yang orang lain lakukan samada lucu atau serius. Mereka lebih suka bersendiri dan tidak suka terlibat dengan aktiviti kehidupan harian. Simptom awal kemurungan ialah kurang tumpuan. Mereka juga kurang membaca dan berkomunikasi Penghargaan kendiri menurun, hilang selera makan, sukar tidur dan menjauhkan diri dari pergaulan sosial. Mereka yang menghadapi kemurungan juga kerap menangis dan mungkin mempunyai niat untuk mencederakan diri

Menurut pengalaman Fairuz Abdullah (2009) pula, kesan kemurungan ialah orang itu merasa *fed-up*, sedih, runsing dan *miserable* dalam hidup mereka walaupun ia satu hal biasa yang dihadapi.

Mengapa penduduk yang lanjut usia menjadi perhatian kerana dalam kajian-kajian yang dilakukan oleh Pfeiffer (1996), didapati bahawa terdapat hubungan yang erat di antara perasaan kemurungan yang tinggi dan niat untuk membunuh diri di kalangan golongan lanjut usia. Individu lanjut usia yang dilanda kemurungan didapati sukar untuk membuat sesuatu keputusan walaupun berhubung dengan hal-

hal yang terlalu mudah untuk diatasi. Pertuturan mereka menjadi lambat, begitu juga dengan pergerakan fizikal mereka.

Dari segi simpton fizikal, didapati mereka yang berada dalam keadaan kemurungan melaporkan mereka tidak lalu makan, berat badan menurun, keletihan yang keterlaluan terutama sekali di waktu pagi, sukar untuk tidur dan sering terjaga dalam tidur di waktu malam. Penilaian melibatkan temubual yang terperinci, pemeriksaan fizikal, dan kemungkinan melibatkan ujian-ujian makmal. Doktor akan menyoal individu tersebut tentang keseriusan dan tempoh gejala, serta mengumpulkan maklumat tentang peristiwa terkini dalam hidup individu tersebut, sejarah penyakit keluarga, sumber-sumber yang ada untuk mengatasinya, dan menilai sama ada terdapat sebarang risiko untuk mencederakan diri sendiri.

Syeikh Dr Said Abdul Azhim (2008:1-2) mengenai kesan kemurungan ke atas emosi, berkata ia sebagai gangguan jiwa di mana sesorang akan merasa sedih dan sempit, disertai dengan tangisan, tidak berselera makan, tidak ghairah dalam melakukan apa pun, tidak berkonsentrasi, dan merasa mudah lupa. Gejala lainnya ialah mengharapkan kematian, berfikiran melakukan bunuh diri kerana rasa benci terhadap diri sendiri dan juga terhadap dunia di sekelilingnya. Hal itu disertai dengan ketidaktenangan pada waktu tidur dan menurunnya berat badan. Yang wanita pula terkadang mengalami keterlambatan datang bulan (haid), sedangkan yang lelaki terkadang mengalami kelemahan seksual. Terkadang ia beranggapan bahwa dirinya menderita suatu penyakit. Terkadang ia mendengar suara-suara aneh yang berkata-kata kepadanya, yaitu yang disebut dengan halusinasi, dan hal ini sangat jarang terjadi dalam penyakit kemurungan.

Di Singapura, satu dari 20 orang tua mengalami kemurangan. Ini adalah dua kali ganda kadar mereka yang berusia 30-an. Satu pameran di Hospital Tan Tock Seng Singapura, berharap untuk meningkatkan kesedaran mengenai tanda-tanda kemurungan bagi orang yang lebih tua. Ini termasuk merasa tidak ceria, digandingkan dengan hilang selera, insomnia dan keletihan. Para doktor menasihati mereka yang menderita gejala-gejala sedemikian selama lebih daripada dua minggu untuk segera mendapatkan bantuan perubatan. Pesakit-pesakit yang tertekan lebih cenderung untuk menderita akibat satu degupan jantung tidak sekata (*aritmia*) dan tekanan darah tinggi. Dan ini boleh memimpin kepada penyakit jantung dan tekanan darah tinggi. (Dr Aaron Ang, seorang perunding di Jabatan Psikologi di Hospital Tan Tock Seng dalam laporan berita Chanel New Asia jam 8 malam pada 7 Disember 2009)

Rawatan melibatkan penggunaan psikopendidikan, ubat-ubatan dan psikoterapi, atau kombinasinya. Setiap kaedah rawatan ini mempunyai kelebihan masing-masing, dan rawatan akan disesuaikan dengan keperluan individu. Rawatan yang berjaya bertujuan untuk menghilangkan segala gejala kemurungan, supaya pesakit dapat kembali ke paras kesihatan yang baik seperti sebelum ini. (Diringkaskan dari tulisan Robert Buckman & Anne Charlish, 2006: 37-42)

Kaunseling merupakan satu perhubungan interpersonal untuk membantu individu menyesuaikan diri dengan lebih berkesan terhadap dirinya dan juga persekitarannya. Bahkan kaunseling juga merupakan proses menolong klien untuk memahami dirinya dan juga dunia sekitarnya. (Muhd Mansur Abdullah & Siti Nordinar Mohd Tamin, 2010: xviii)

Selain itu, psikopendidikan juga digunakan, doktor akan menerangkan kepada pesakit dan keluarganya tentang makna kemurungan, jenis-jenis rawatan yang ada, sebarang kesan sampingan yang mungkin berlaku, dan tempoh rawatan. Maklumat mengenai perubahan gaya hidup, seperti pemakanan dan senaman, akan dibincangkan. Bagi ubat-ubatan anti-depresan adalah jenis ubat utama yang digunakan untuk merawat kemurungan. Ia mempunyai pelbagai jenis, dan hanya berbeza di dalam cara ia bertindak ke atas otak, kosnya, dan profil kesan sampingannya. Secara umum, semua ubat ini sama berkesan. Sebagai rawatan barisan pertama, kebanyakan pesakit sama ada akan dipreskripsikan 'Tricyclic Antidepresant (TCA)' atau 'Selective Serotonin Reuptake Inhibitor (SSRI)'. (Risalah Hospital Changi, Singapura, 2006)

Sebagai rumusan, dapat disimpulkan bahawa walaupun proses penuaan merupakan satu perkara semulajadi, namun kemurungan dan penuaan merupakan teman yang sukar dipisahkan Tidak ada sesiapa pun yang dapat lari daripada proses ini. Tahap kemurungan di kalangan warga tua didapati semakin meningkat lebih-lebih lagi mereka yang mendiami pusat-pusat atau institusi atau rumah penjagaan warga tua samada di dalam negara begitu juga di luar negara. Ini jelas dapat dilihat daripada laporan dan statistik dalam kajian-kajian yang dilakukan yang mendedahkan tahap keinginan membunoh diri yang semakin tinggi di kalangan mereka yang murung. Kesan emosi yang sedemikian rupa perlu di tangani dengan lebih baik dengan mengambil langkah-langkah pencegahan yang lebih pantas. (Jill Manthorpe dan Steve Iliffe (2005:7)

Kekurangan sokongan samada materi ataupun *spritual* dari pihak pengurusan dan pihak berwajib telah mengagalkan usaha mereka untuk menyediakan persekitaran dan suasana yang baik, bersih dan efektif untuk rumah jagaan warga tua tersebut. Maka oleh itu kajian ini dijalankan oleh pengkaji bagi menganalisa masalah yang dihadapi.

1.3   Pernyataan Masalah

Keperluan memahami masalah kemurungan di kalangan warga tua perlu diberi perhatian oleh semua lapisan masyarakat. Pelbagai ragam kehidupan yang telah dilalui oleh warga tua ini. Penempatan warga tua di rumah jagaan ini, adalah berbagai sebab dan bukanlah atas kehendak mereka. Sebahagian yang terbiar sebatang kara dan sebahagian lain masih ada anak-anak dan sanak saudara. Faktor kemurungan di kalangan warga tua boleh berpunca daripada pelbagai sebab seperti kematian anggota keluarga, putus kasih, perceraian, krisis ekonomi, bebanan dan banyak lagi. Malah, faktor penyakit kronik juga boleh mendedahkan diri kepada gejala kemurungan. Jika gagal mengawal perasaan atau bersikap reda dan realistik, seseorang yang menghidap penyakit kronik boleh bertukar murung hingga menganggap dunia sudah tidak bererti lagi.

Dalam mendekati warga tua yang murung, perlulah individu menyiapkan dirinya dengan pendidikan mengenai 'penyakit' yang dialami. Tidak kira dia seorang doktor, psikiatris, pekerja sosial, jururawat, ahli terapi, kaunselor, guru agama, pembantu umum dan lain-lain, semua perlu memahami keadaan kemurungan warga tua tersebut. Kalau tidak kemurungan tersebut akan beralih kepada mereka yang terlibat. Pengetahuan tentang tahap kemurungan seorang, akan banyak membantu. Sekiranya masalah ini dapat dikenalpasti dengan tepat diperingkat awal, maka ianya dapatlah dirawat. Oleh yang demikian, kajian ini dibuat untuk mengkaji simptom-simptom atau tanda-tanda kemurungan yang mungkin dialami warga tua seperti mudah marah, menangis tanpa sebab, kurang bertenaga, sakit kepala, masalah penghadaman dan banyak lagi. Kajian ini juga untuk mengenal pasti kesan kemurungan terhadap emosi yang berlaku pada warga tua, pada tahap kemurungan yang bagaimana emosi warga tua akan tersentuh. Selain itu, kajian ini ingin mengenal pasti bentuk sokongan yang diperlukan bagi mengatasi warga tua yang murung. Hasil dapatan nanti akan dibentuk menjadi satu cadangan untuk membantu mereka serta individu-individu yang terlibat dengan pengurusan warga tua bagi membantu mengatasi meringankan kemurungan yang dialami warga tua.

1.4   Objektif Kajian

Kajian ini dibuat dengan tujuan untuk:

i.   Mengenalpasti tahap kemurungan di kalangan warga tua.

ii.   Mengenalpasti kesan kemurungan ke atas emosi di kalangan warga tua.

iii.   Mengenalpasti bentuk sokongan emosi yang diperlukan di kalangan warga tua yang murung.

1.5 Persoalan Kajian

Persoalan kajian dirumuskan seperti berikut:

i. Apakah tahap kemurungan di kalangan warga tua?

ii. Apakah kesan kemurungan ke atas emosi di kalangan warga tua?

iii. Apakah bentuk sokongan emosi yang diperlukan di kalangan warga tua yang murung?

1.6   Kepentingan Kajian

Kajian ini dijalankan untuk mengkaji samada terdapat masalah kemurungan di kalangan warga tua yang tinggal di Rumah Warga Tua Darul Takrim Jamiyah. Kajian ini juga dijalankan untuk mengetahui sejauh mana tahap kemurungan yang dialami warga tua di Darul Takrim, faktor-faktor penyebab kemurungan serta mengenal pasti cara-cara mengatasi kemurungan yang digunakan untuk warga tua di institusi tersebut. Kemurungan yang dialami adalah disebabkan beberapa faktor seperti sokongan sosial, kesunyian, kematian, penghargaan kendiri dan kesihatan. Selain itu, kajian ini juga dapat mengenal pasti kesan kemurungan ke atas emosi warga tua di institusi tersebut serta bentuk sokongan yang diperlukan. Tahap kemurungan tersebut dibahagikan kepada tiga tahap iaitu tahap rendah, sederhana dan tinggi.

Kajian yang dijalankan ini adalah penting untuk mendapat maklumat mengenai masalah-masalah dan kerumitan yang dialami warga tua yang murung. Selain itu, kepentingan spesifik ini adalah untuk:

- **Pengelola/Pengurus Rumah Tumpangan Warga Tua**

  Diharapkan kajian ini dapat memberi kesedaran kepada pengelola/pengurus rumah tumpangan warga tua khususnya di Singapura dan secara amnya di Malaysia dan lain-lain negara tentang kerumitan yang alami warga tua yang murung serta prasarana yang diperlukan dalam persediaan mengurus atau mengelola rumah tumpangan tesebut.

- **Masyarakat**

  Kajian ini diharapkan dapat memberi kesedaran kepada masyarakat tentang kehidupan yang alami warga tua yang murung serta sokongan yang dapat mereka berikan semasa melalui kehidupan dengan mereka yang bergelar warga tua. Di samping masyarakat menyambut warga tua pada 6 Oktober setiap tahun, sebagai Hari Warga Tua peringkat kebangsaan di Malaysia, serta merupakan satu pengiktirafan kepada golongan tersebut agar mereka tidak lagi dilihat sebagai satu golongan yang membawa beban, hendaklah masyarakat memberi sokongan moral bagi menaikkan semangat mereka untuk menjalani kehidupan ini dengan lebih baik.

Kajian ini penting dan perlu diambil perhatian oleh semua lapisan masyarakat agar dapat dijadikan panduan kerana setiap orang akan melalui zaman tua. Oleh itu, kajian ini seharusnya didalami dan diterokai oleh pengkaji agar semua orang memperolehi kehidupan yang sejahtera dan terhindar dari tekanan di usia emasnya.

- **Kementerian Pembangunan Masyarakat, Belia dan Sukan(MCDYS)**

Diharapkan kajian ini dapat memberi maklumat yang diperlukan kepada MCDYS yang merupakan sumber rujukan kepada masalah warga tua. disamping memainkan peranan mereka berkaitan masalah yang alami warga tua yang murung. Pengambilan warga tua ke rumah tumpangan warga tua ini perlu diberi perhatian dengan mengambil kira masalah keluarga warga tua tersebut. MCDYS juga sebagai pemberi lesen dan bantuan kepada Pengelola rumah tumpangan ini, dapat terus meningkatkan sokongan dan prasarana yang wajar bagi menangani masalah yang ditimbulkan dalam kajian ini.

1.7   Batasan Kajian

Kajian ini hanya terbatas kepada skop kajian yaitu mengkaji kemurungan di kalangan warga tua yang akan dijalankan di Rumah Warga Tua Darul Takrim yang dikendalikan oleh Persekutuan Seruan Islam Singapura (Jamiyah) di bawah

Kementerian Pembangunan Masyarakat, Belia dan Sukan, di Nombor 1 Tampines Avenue 3. Sasaran utama kajian ialah mereka yang beragama Islam yaitu seramai 81 orang daripada 168 penduduk di rumah tumpangan tersebut. Tetapi hanya mereka yang berumur 50 tahun ke atas sahaja yang akan berada dalam kajian yang memberi tumpuan kepada mereka yang telah digelar warga emas di Universiti.

Jadual 1.1 adalah merujuk populasi warga tua tersebut

Jadual 1.1 :   Populasi Warga Tua

Jumlah Warga Tua Darul Takrim Jamiyah								Jumlah Penuh
Penduduk/ Warga								
1) Bangsa	**Melayu**		**Cina**		**India**		**Lain-lain**	
Jumlah	67		68		37		0	172
2) Jantina (Umum)	**L**	**P**	**L**	**P**	**L**	**P**	**L**	**P**	
Jumlah	44	23	52	16	27	10	0	0	172
3) Agama	**Islam**		**Kristian**		**Hindu**		**Buddha/ Taoist**	
Jumlah	81		12		11		68	172
4) Bangsa	**Penduduk Islam Sahaja**							
	Melayu		**Cina**		**India**		**Lain-lain**	
Jumlah	63		4		14		0	81
5) Jantina	**L**	**P**	**L**	**P**	**L**	**P**	**L**	**P**	
Jumlah	44	21	1	3	11	3	0	0	81
6) Umur	**Penduduk Islam Sahaja**							
	49 ke Bawah		**Antara 50-60**		**61 dan lebih**			
	L	**P**	**L**	**P**	**L**	**P**		
Jumlah	2	8	4	5	44	20		81

*L= Lelaki ; P = Perempuan

1.8   Kerangka Konsep Kajian

Berikut adalah kerangka konsep kajian dalam rajah 1.3.

Rajah 1.3 :   Kerangka Konsep Kajian

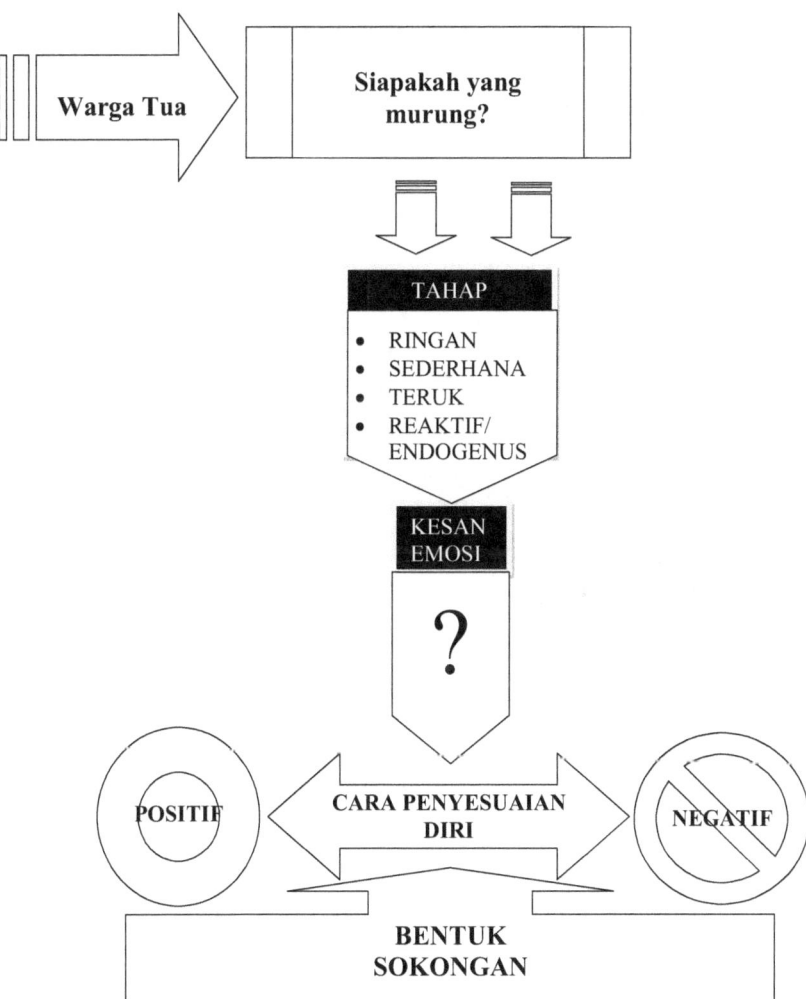

Dalam kajian ini, pengkaji ingin mengkaji kemurungan yang menyelimuti warga tua yang menghuni rumah tumpangan bagi warga tua. Selain mengenali simptom-simptom kemurungan, pengkaji ingin mengukur tahap kemurungan yang dialami oleh warga tua di institusi tersebut samada ringan, sederhana, berat dan reaktif atau *endogenus*. Disamping itu, pengkaji ingin meneroka kesan kemurungan ke atas emosi para penghuni di institusi tersebut. Dalam pada itu juga, pengkaji ingin melihat corak penyesuaian diri penghuni kepada kemurungan yang dialami samada positif ataupun negatif. Akhir sekali, pengkaji ingin memastikan bentuk sokongan melalui teknik kaunseling dan seumpamanya dilaksanakan dengan lebih efektif ke atas para penghuni.

1.9   Definisi Konsep

Dalam kajian ini, beberapa istilah penting digunakan oleh pengkaji diterangkan makna dan maksudnya dengan teliti dan lebih jelas lagi agar mudah untuk difahami oleh pembaca.

1.9.1 Kemurungan

Menurut Kamus Dewan Edisi Keempat (2007:1059), kemurungan ialah keadaan apabila seseorang mengalami rasa kecewa dan putus asa yang diiringi dengan gejala seperti sukar tidur, lembab berfikir, dan rasa bersalah yang keterlaluan yang tidak setimpal dengan kesalahan yang dilakukan.

Menurut L Offerhaus(2002:13), kemurungan ialah gangguan psikologikal yang paling kerap dialami warga tua. Masalahnya adalah selalu berkait rapat dengan penyakit fizikal, kematian dan persekitran yang tidak sesuai. Masalah ini juga mungkin disebabkan oleh dementia misalnya dan mungkin juga dicetuskan oleh ubat yang digunakan untuk rawatan. Walaupun diagnosisnya sama sahaja dengan orang muda selalunya ia menjadi rumit kerana terdapat penyakit lain dan disebabkan penuaan itu. Kepatuhan mungkin menjadi masalah dalam terapi jangka panjang.

Dalam kajian ini kemurungan didefinisikan sebagai perubahan tingkah laku sehingga menjejaskan kehilangan penumpuan, kegagalan membuat keputusan, sering hilang minat dalam melakukan aktiviti yang digemari, kurang selera makan, kurang keinginan seksual, masalah tidur dan sentiasa merasa letih dan penat.

1.9.2   Kesan Emosi

Kesan : menurut Kamus Dewan Edisi Keempat (2007:771), tanda yang ditinggalkan oleh sesuatu, bekas; sesuatu (sama ada kebaikan atau kejahatan) yang timbul daripada sesuatu kejadian; kesudahan daripada sesuatu efek; pengaruh (pada pemikiran, sikap, watak, dsb) yang timbul akibat daripada menyaksikan (mendengar, membaca) sesuatu.

Emosi : menurut Kamus Dewan Edisi Keempat (2007:389) perasaan jiwa yang kuat , seperti sedih, gembira, takut dan lain-lain.

Emosi pula merupakan bangkitan perasaan dan rasa dalaman hasil tindak balas seseorang terhadap sesuatu perkara, pengalaman dan peristiwa yang berlaku seperti emosi takut, marah, kecewa, gembira, suka dan kasih sayang. (Muhammad Uthman Najati 2001: 73).

Emosi merujuk kepada.perasaan atau reaksi afektif. Reaksi ini berpunca dari empat komponen asas seperti aspek fisiologi yang melibatkan perubahan fizikal yang aktif. Apabila berlaku kebangkitan emosi secara fizikal, kadar degutan jantung menjadi cepat. Mata terbeliak dan seseorang itu berpeluh dengan banyaknya. Komponen kognitif pula menekankan kepentingan pemikiran, kepercayaan, ekspektasi dalam menentukan jenis dan intensitii respon emosi itu. Komponen tingkahlaku melibatkan pelbagai bentuk ekspresi emosi. Contohnya ekspresi muka, posisi dan gerak tubuh badan dan nada suara mengikut persaan sedih, marah dan takut. Komponen pengalaman subjektif pula melibatkan keseronokan atau perasaan tidak suka dan kerumitan perasaan. Perasaan keseronokan seseorang itu mungkin menimbulkan kebosanan bagi yang lain (Ma'rof dan Haslinda, 2006)

1.9.3 Sokongan Emosi

Menurut Kamus Dewan Edisi Keempat (2007:1512), sokongan ialah perbuatan menyatakan persetujuan dan memberi perangsang dengan atau tanpa bantuan kebendaan, bantuan (wang dan lain-lain) dan pertolongan.

Dalam kajian ini, sokongan emosi dimaksudkan dengan kesediaan memberi kemudahan dari segi tempat tingggal, makan minum, keselamatan, kesihatan termasuk perubatan secara pengambilan ubat-ubatan atau secara terapi, sentiasa meluangkan masa untuk berbual dan mendengarkan keluhan mereka serta galakan beribadah.

1.9.4 Warga Tua

Perubahan demografi pembangunan sosio ekonomi dalam era pembangunan yang sering berubah akan mempengaruhi bagaimana "orang tua" ditafsirkan. Sikap dan takrif warga tua yang akan digunakan kelak akan mempengaruhi falsafah dan juga cara untuk mengatasi dan menghadapi cabaran penuaan. Ini akan memberi kesan kepada persepsi proses penuaan dan mempengaruhi penggubalan, dasar dan program untuk warga tua (Suriah A Rahman: 2003:7).

Warga emas ditakrifkan mereka yang berumur 65 tahun ke atas. Takrifan ini berpandukan kepada takrifan yang dibuat di "World Assembly On Ageing 1982" di Vienna.(Jabatan Kebajikan Masyarakat, 2007).

Mohammad Jamil Yaacob (2005: 51) juga menyebut warga tua menurut definisi Pertubuhan Kesihatan Sedunia adalah mereka yang mencapai usia enam puluh lima tahun ke atas. Walaupun begitu, mereka yang berumur enam puluh lima tahun ke atas dikategorikan sebagai warga emas.

Menurut Kamus Dewan Edisi Keempat (2007:1734), tua ertinya yang sudah lama hidup atau sudah lanjut usia, sudah berumur 60 tahun.

Dalam kajian ini, warga tua ialah mereka yang berusia 50 tahun ke atas sebagaimana batasan umur yang dikategorikan oleh pihak akademik Universiti Teknologi Malaysia.

1.10 Rumusan

Berdasarkan kepada kajian lepas mengenai kemurungan di rumah tumpangan, lebih-lebih yang dinyatakan Jill Manthorpe dan Steve Iliffe (2005:7) yang menunjukkan bahawa terdapat kemurungan yang tinggi di kalangan warga tua yang duduk atau tinggal di rumah tumpangan di mana terdapat hampir satu daripada empat penduduk di situ mengalami kemurungan, maka pengkaji ingin memastikan bahawa tidak terdapat kerumitan yang sebegitu rupa akan terjadi kepada warga tua yang menginap di rumah tumpangan tersebut. Walaupun terdapat kemurungan yang dialami sebagaimana yang dikatakan kemurungan dan penuaan berjalan seiring, diharapkan dapatan kajian yang pengkaji jalankan dengan penerokaan tahap kemurungan, melihat kesan ketidakstabilan emosi warga tua serta bentuk sokongan yang menyeluruh, penyesuaian diri warga tua di rumah tumpangan ini dapat tercapai.. Selepas ini, perbincangan akan diteruskan dengan cadangan-cadangan yang sesuai bagi membantu warga tua yang mengalami kemurungan mengatasinya dengan cara nasihat dan kaunseling.

BAB II

SOROTAN KAJIAN

2.1　Pengenalan

Bab ini akan membincangkan secara lebih mendalam mengenai kemurungan yang dialami warga tua yang berada di rumah tumpangan warga tua. Ini termasuk simptom-simptom yang dapat diketahui daripada hasil kajia-kajian samada di luar atau dalam negeri di samping data-data yang disebut oleh para psikiatris. Begitu juga tahap-tahap kemurungan akan dibahaskan lagi disamping kajian mengenai punca-punca kemurungan serta sumber-sumber masalah yang didapati daripada kajian-kajian yang ada.

Bentuk sokongan yang diperlukan oleh warga tua di rumah tumpangan akan dibincangkan secara meluas bagi memberi gambaran yang sebenarnya mengenai kajian yang akan dilakukan oleh pengkaji. Hasil dapatan bagi kajian ini akan dibincangkan dalam bab 4 nanti. Hasil kajian-kajian terdahulu serta sorotan penulisan yang telah dibuat oleh pengkaji-pengkaji luar negara juga akan dibincangkan berdasarkan elemen-elemen yang berkaitan dengan kajian ini.

Dalam kajian ini, kesan kemurungan ke atas emosi yang dialami oleh warga tua akan didedahkan dan dibincangkan dengan lebih mendalam mengenai sumbernya serta perkara-perkara yang dapat meredakan perasaan emosi tersebut. Bagi bentuk sokongan yang diperlukan akan dibincangkan antaranya seperti sokongan moral yang meliputi sokongan daripada para petugas di rumah tumpangan tersebut, ahli keluarga (jika ada) dan juga masyarakat. Kajian-kajian terdahulu (jika ada) akan dijadikan rujukan dan panduan dalam kajian ini. Semua maklumat yang berkaitan dengan kajian ini diperolehi daripada buku-buku tulisan dalam dan luar negara begitu juga daripada artikel, kertas kerja, laman web dan sumber-sumber kajian lepas yang dicatitkan pengambilannnya di bahagian Rujukan Kajian.

2.2   Kemurungan dan warga tua

Pendapat tentang orang tua lebih terdedah kepada kemurungan mula timbul sejak abad ke 2 oleh ahli fizik Roman, Galen, yang menggambarkan ada hubungan antara *melancholia* (sayu menung – kemurungan yang keterlaluan) dan penuaan (Steven H Zarit & Judy H Zarit, 1998). Katanya lagi, sering kali dalam masyarakat kontemporari, orang tua digambarkan oleh media sebagai seorang yang suka bersedih dan menyendiri (*withdrawn*). Mereka murung kerana 'kehilangan' yang mereka alami, kehilangan kedudukan yang penting dan berpengaruh dalam masyarakat, kesihatan yang menurun, atau kerana kekhuatiran akan ketibaan kematian. Semua gambaran ini ada yang benar dan ada yang salah. Akan tetapi, kemurungan merupakan masalah yang paling penting dan kerap dihadapi para petugas klinik pada diri warga tua.

Menurut Steven H Zarit & Judy H Zarit (1998:63-64), daripada menjadi masalah yang sukar di kawal yang ditanamkan pada proses penuaan, kemurungan biasanya akan beransur pulih dengan rawatan. Ini yang didapati dalam kajian klasik Psikiatris Britain, Sir Martin Roth dalam kertas kerja tahun 1955 yang bersejarah "*The Mental history of Mental Disorder in Old Age*" di mana dalam penelitian awalnya ke atas para pesakit di Hospital Mental Inggeris, beliau agak pesimis merawat para pesakit tersebut kerana percaya bahawa kecelaruan mental yang berlaku pada usia lanjut adalah kerana penyakit otak.

Walaubagaimanapun selepas perhatian yang dibuat, Roth dapati bahawa sebenarnya ia adalah berbeza kerana sebenarnya pemulihan itu bergantung kepada masalah yang dihadapi pesakit dan bukan penuaan atau umur pesakit. Penemuan positf dalam era, di mana rawatan kemurungan teruk agak terbatas, telah membuka minat ke atas pengkajian masalah sakit mental yang boleh diubati pada masa penuaan.

See Ching Mey dan Lee Siew Siew (2005) menyebut beberapa kajian mengenai definasi kemurungan antaranya: Dalam kegunaan seharian, perkataan "kemurungan" merujuk kepada perasaan sedih yang dialami oleh seseorang individu (Wicks-Nelson & Israel, 2003). Namun sebenarnya perkataan ini sukar ditafsirkan. Ini kerana ia boleh membawa banyak maksud dan boleh digunakan dalam pelbagai keadaan (Sprinthall & Collins, 1995; Haugaard, 2001). Kemurungan boleh dianggap sebagai suatu perasaan, suatu sindrom atau suatu penyakit klinikal (Dacey & Kenny, 1997).

Menurut Pakar Perbidanan dan Sakit Puan, Hospital Universiti Sains Malaysia (HUSM), Prof Madya Dr Shah Reza Johan Noor (Aminah Hj Noor, 2009:19) kemurungan biasanya digambarkan sebagai perasaan sedih untuk julat masa tertentu dan juga kehibaan yang berlaku akibat dari kehilangan mahupun kematian insan tersayang:

Mengenai simptom-simptom kemurungan, Dr. Shah Reza berkata, rungutan ini mungkin berlangsung setiap hari, sepanjang hari untuk minimum dua minggu. Lazimnya perkara-perkara berikut akan terjadi:

a. Hilang minat pada sesuatu yang memang merupakan satu kesukaan/minat.

b. Rasa sangat sedih, langsung tidak bermaya.

c. Rasa tidak berguna dan juga rasa bersalah.

d. Perubahan selera makan, berat badan mungkin meningkat ataupun menurun.

e. Ada juga yang berfikir akan kematian, tidak mahu hidup lagi.

f. Masalah dengan pemikiran dan juga hilang tumpuan. Kesukaran untuk membuat keputusan dan menjadi tidak rasional. Kelupaan bertambah.

g. Tidur bertambah-tambah, ada juga yang tidak boleh tidur langsung, perasaan bosan melampau, mengantuk menjadi-jadi.

h. Rasa tidak bertenaga dan letih sentiasa.

Ada juga kemurungan ini yang dimanifestasikan secara fizikal dan mental seperti:

1. Sakit kepala, bahagian lain di badan juga menjadi sakit dan mengilukan.

2. Masalah dengan sistem penghadaman dan pencernaan.

3. Masalah seksual.

4. Perasaan negatif serta perasaan tidak berbaloi, tidak berperasaan serta kegagalan.

5. Selalu dalam kebimbangan dan ketakutan.

Kebiasaannya rungutan-rungutan ini berlangsung dalam jangka masa minimum dua minggu. Julat masa ini dilabelkan sebagai satu episod. Walaupun simptomatologi mungkin tidak terlalu ketara, individu yang murung hendaklah dapatkan rawatan serta mereka perlu berbincang dengan doktor. (Amina Hj Noor, 2009:21-22)

Dalam *Diagnostic And Statistical Of Disorders* (DSM IV) (APA, 2000) iaitu satu kaedah yang digunakan untuk mengukur tahap tingkahlaku abnormal dalam kaedah kesihatan mental, kemurungan dapat dikelaskan kepada empat ciri iaitu:

1.   Ragam

Seseorang yang tergolong dalam kategori ini mempunyai sifat seperti kesedihan yang bersangatan, menangis, terlalu sengsara keadaan emosinya, tiada harapan dan keinginan untuk hidup, rendah diri serta tidak berminat terhadap persekitarannya.

2.   Vitaliti

Vitaliti ialah keadaan seseorang itu tidak boleh berfikir secara lurus, kerap kepenatan hilang selera makan jarang berasa lapar, hilang nafsu dan sentiasa menjauhi hubungan peribadi yang rapat.

3.   Agitasi

Agitasi merujuk kepada keadaan seseorang yang sentiasa berasa takut, seram, tegang, sering termenung, risau dan runsing. Mereka juga mengalami mimpi buruk dan hilang kawalan fikiran dan perasaan. Mereka sanggup membazirkan wang tanpa faedah, merokok dengan kadar tinggi dan mengambil risiko dengan kadar tinggi.

4.   Tingkahlaku yang berbentuk mencari ketenangan

Dalam keadaan ini seseorang itu akan menunjukkan reaksi merayu mempamerkan kekurangannya serta suka meminta-minta daripada orang lain (Levy,1972). Dalam usaha mencari ketenangan mereka sering menarik diri dan bersendirian, banyak tidur dan yang lebih serius lagi ialah mereka bergantung kepada ubat-ubatan tertentu, termasuklah dadah. (Paul Naarding, 2005)

Jenis-jenis kemurungan

Robert Buckman & Anne Charlish (2006:15), Ma'rof dan Haslinda (2006:) menyatakan kini doktor telah mengenal pasti empat kategori kemurungan selain kemurungan klasik, yang juga dikenali sebagai penyakit ekakutub.

a)   Kemurungan manik (gangguan dwikutub) (bipolar)

Tempoh kemurungan dan mania saling berselang-selang. Dalam mania, penghidap pada lazimnya menghimpun tenaga berlebihan yang amat banyak dan mungkin menjadi produktif. Ideanya mungkin terlalu kreatif, malah beraneka, dan pengucapannya laju, tetapi tidak selalunya membawa makna. Ciri-cirinya ialah idea yang hebat. Apabila mereka tidak teruk, sesetengah penghidap menyukai fasa mania kerana mereka berasa "cergas", lega dan dapat membuat bermacam-macam perkara. Apabila dalam keadaan teruk, mania menghalang mereka daripada menjalani kehidupan normal. Angin ganas yang sering pasang surut telah menjadi perkara biasa.

b)   **Kemurungan musim sejuk**

Sesetengah orang dipengaruhi dengan kuat oleh aras cahaya yang rendah pada musim sejuk, yang menyebabkan Gangguan Afektif Bermusim (GAB). Gejala ini termasukah kemurungan, keletihan, daya penumpuan, dan ingatan yang lemah, selera yang meningkat, khususnya terhadap karbohidrat, bertambah berat badan dan keinginan untuk tidur lebih lama daripada dalam musim panas. Penghidap GAB sebenarnya begitu gemar tidur hinggakan ia pulang cepat dari kerja, tidur di hadapan televisyen, masuk tidur lewat dan mudah terlena dan rasa sukar untuk bangun tidur pada keesokan harinya. Gejala lain termasuklah rasa cepat marah, cemas, anti-sosial, sengsara, rasa bersalah, lesu dan tidak berminat langsung terhadap seks.

c)   **Kemurungan post natum (pascapartum)**

"Berasa murung" adalah biasa di kalangan wanita yang baru menjadi ibu. Ia berlaku dalam masa lima hari selepas melahirkan dan kebanyakan wanita akan sembuh. Kemurungan postnatum biasanya terjadi selepas itu, malah mungkin selepas berbulan-bulan selepas bersalin. Gejalanya sama seperti gejala kemurungan klasik. Kesengsaraan ibu takut dan marah akan ditujukan kepada dirinya sendiri, anaknya atau kedua-duanya sekali. Ciri-cirinya adalah rasa jengkel, letih dan tidak dapat tidur. Psikosis *puerpera* adalah setara dengan kemurungan teruk. Ibunya berada di alam khayalan dan mempunyai delusi bahawa ia betul-betul tidak baik. Keadaan ini mungkin terjadi dalam masa beberapa minggu selepas bersalin atau selepas setahun bersalin.

d)   **Kemurungan Senyum (major)**

"Saya baik" boleh jadi respons yang mengelirukan daripada orang yang dapat menyembunyikan kemurungannya. Inilah orang yang tidak disangka-sangka akan sanggup membunuh diri. Hasrat untuk menunjukkan wajah yang berani adalah kuat, tetapi penghidap boleh menyentak dengan tiba-tiba.

Pada tahun 1996, satu kajian yang mengambil masa kira-kira lima tahun telah dilaksanakan di Universiti Havard oleh Fakulti Kesihatan Awamnya. Keputusan kajian itu mengandaikan kemurungan major (major depression) iaitu salah satu jenis penyakit mental yang akan menjadi pembunuh nombor dua di kalangan manusia sejagat selepas penyakit jantung pada tahun 2020

Pertubuhan Kesihatan Sedunia (WHO) menganggarkan kadar kematian (bunuh diri) akibat kemurungan di rantau Asia adalah lebih tinggi dengan nisbah kemurungan antara lelaki dan perempuan adalah satu nisbah dua. Kajian di Malaysia pula mendedahkan kira-kira sembilan peratus rakyat negara ini mengalami kemurungan tahap serius. Peratusan ini berada dalam lingkungan sama dengan anggaran purata dunia.

Kemurungan adalah dua kali lebih kerap daripada diabetes dan tiga kali lebih kerap daripada kanser dan lebih kerap daripada asma. Satu daripada empat orang akan menghidapi semacam penyakit mental pada satu masa tertentu dalam hidup mereka, manakala satu daripada lima orang akan menghidapi kemurungan.

Pada satu-satu masa tertentu kira-kira lima peratus (1 daripada 20) orang menghidapi kemurungan yang teruk. Lima peratus lagi menghidapi bentuk kemurungan yang lebih sederhana. (Robert Buckman & Anne Charlish, 2006:16)

Mereka yang mengalami murung, menurut Robert Buckman & Anne Charlish (2006:15):

- Kerap diperkatakan bahawa bilangan wanita yang menghidap kemurungan adalah lima kali lebih daripada lelaki. Ini benar bagi kes kemurungan sederhana tetapi bagi kes kemurungan yang lebih teruk, bilangan penghidap lelaki melebihi bilangan penghidap wanita.
- Secara keseluruhannya, kemurungan adalah dua kali lebih banyak berlaku di kalangan wanita berbanding lelaki.
- Kemungkinan membunuh diri di kalangan penghidap lelaki tiga kali ganda berbanding penghidap wanita.
- Ibu kepada bayi anak kecil

- kemurungan berlaku di kalangan 15 peratus orang yang berusia melebihi 65 tahun. Bentuk kemurungan yang di anggap paling teruk lebih kerap berlaku di kalangan mereka yang berusia pertengahan dan orang tua. Kadar bunuh diri yang tertinggi adalah di kalangan orang yang lebih tua, khususnya yang melebihi 75 tahun

- orang yang baru mengalami perceraian, kematian peristiwa penting lain dalam hidupnya, seperti tidak diperlukan atau baru berpindah rumah.

- orang yang bekerja dalam pekerjaan tertentu seperti peladang (termasuk pakar hortikultur, pengurus ladang dan pekerja lelaki ladang) adalah dua kali berkemungkinan membunuh diri berbanding penduduk lain.

- Doktor, pakar bedah, veterinar, ahli farmasi dan doktor gigi juga menghadapi risiko tertentu.

- Remaja (anggaran 3 peratus)

- Kanak-kanak (anggaran satu peratus).

Di kalangan orang yang mengalami kemurungan, gejala-gejala lain juga biasa:

➢ 60 hingga 90 peratus mengalami keresahan

➢ 30 peratus mengalami serangan panik.

➢ 38 peratus mengalami pengalaman obsesi.

➢ 27 peratus mengalami fobia sosial.

Sebagai rumusannya, kemurungan adalah disebabkan oleh faktor luaran terutama kehilangan suatu yang mempunyai pengertian yang mendalam dalam kehidupan ini. Perasaan ini juga boleh melanda seseorang dari mana-mana kumpulan umur dan ianya akan ditanggung untuk suatu jangka masa yang agak lama. Terdapat banyak pendekatan yang dapat dilakukan dalam menangani masalah kemurungan dan bunuh diri dan ia bergantung pada tahap mana seriusnya kemurungan yang dihadapi. Sekiranya manusia berupaya mengawal emosi, tekanan dan menghadapi masalah, tentunya kemurungan dan bunuh diri dapat dikurangkan ataupun dielakkan.(Azizi, 2006:154)

2.3   Tahap kemurungan di Kalangan Warga Tua

Menurut Robert Buckman & Anne Charlish, (2006:14) tahap kemurungan dibahagikan kepada empat tahap yaitu rendah, sederhana, tinggi dan reaktif atau endogenus.
Berikut adalah penjelasannya:

a) Kemurungan ringan

Ramai orang keliru tentang apa yang disebut dalam bidang psikiatri dan psikologi sebagai "kesuraman yang boleh difahami" (kesedihan yang boleh di kenalpasti penyebabnya) dan kemurungan ringan. Kekeliruan makna juga sering berlaku "orang yang tidak teguh" dengan kemurungan ringan. Telah hampir 100 tahun sejak Perang Dunia apabila tentera yang mengalami renjatan jiwa ditembak mati, tetapi sikap lama tetap kekal. Ketika itu kemurungan masih belum diiktiraf sebagai penyakit. Kini telah diketahui bahawa dalam sesuatu keadaan apabila seseorang tidak dapat mengawal dan mempengaruhinya secara jelas, kemungkinan kemurungannya akan meningkat. Dalam pengelasan gangguan psikiatri kemurungan ringan termasuk dalam kategori Aras 3 dan 4 (lihat jadual 2.1).

.

b) Kemurungan sederhana

Pada tahap ini, gejala bertambah buruk dan penghidap menjadi semakin sukar untuk berfungsi secara normal di rumah dan di tempat kerja. Kemurungan pada tahap ini dikategorikan sebagai neurosis Aras 2 dalam (lihat jadual 2.1).

c) Kemurungan teruk

Penghidap pada tahap ini, langsung tidak berada di alam nyata dan tidak boleh bekerja secara normal. Ini mungkin termasuk ke dalam kategori psikosis. Aras 1 dalam Jadual 2.1 tetapi dia juga mungkin menjadi terlalu murung walaupun dia tidak mengalami psikosis.

d) Kemurungan reaktif dan endogenus

Kemurungan pernah dikelaskan berdasarkan apa yang kelihatan. Kemurungan reaktif merupakan kemurungan yang dicetuskan oleh peristiwa luaran, misalnya akibat kematian atau perceraian. Kemurungan endogenus diterangkan sebagai angin yang tidak baik yang datang dari dalam atau tanpa sebarang sebab yang dapat dilihat. Pengelasan ini perlahan-lahan dibuang kerana ia tidak tepat. Istilah yang digunakan sekarang ialah Gangguan Kemurungan Major, Gangguan Angin, Gangguan Angin dengan ciri-ciri psikosis dan Gangguan Distimia.

Jadual 2.1   Aras Kemurungan

Gangguan Psikiatri		
Aras 1 >	Psikosis	Angin kesedihan yang keterlaluan dan menyeksakan. Hubungan dengan dunia nyata terpesong. Delusi/halusinasi.
Aras 2 >	Neurosis	Bentuk kesengsaraan yang amat sangat hingga melebihi apa yang boleh dianggap sebagai *normal* bagi keadaan tertentu.
Aras 3 >	Gangguan Personaliti	Seorang yang menonjol daripada kebanyakan orang secara kebetulan kerana satu atau dua sifatnya.
Aras 4 >	Tindak balas normal	Kesakitan murung atau keresahan neurosis tidak kelihatan jelas walaupun pencetusnya dibuang.

2.4   Kesan kemurungan ke atas Emosi di Kalangan Warga Tua

Setiap manusia inginkan kebahagiaan hidup. Namun gangguan-gangguan emosi seperti perasaan bimbang, takut, sedih, benci, cemburu, marah, malu dan sebagainya akan mengganggu kebahagiaan ini. Emosi yang tidak stabil akhirnya akan menjadikan manusia itu gelisah, tertekan, lalu tidak dapat berfikir dan bertindak secara rasional. (Mohd Alfian Harris Bin Omar & Mohamed Sharif Mustaffa, 2006)

Setiap individu di dunia ini pernah mengalami perasaan sedih atau muram pada masa tertentu sepanjang hayatnya (Gurian, 2001; Steinberg, 1999). Bagi kebanyakan orang, gangguan emosi ini hanya berjangka masa pendek sahaja. Namun dalam kes-kes tertentu, perasaan murung ini berlanjutan sehingga membawa kepada akibat yang tidak diingini seperti membunuh diri atau penyakit mental yang lebih serius (Ingersoll, 1989). Memang tidak dapat dinafikan bahawa kemurungan boleh menjejaskan pelbagai aspek hidup seseorang individu sama ada dari segi kognitif, emosi, sosial mahupun fizikal.

Menurut Robert Buckman & Anne Charlish (2006:10), berputus asa dan bermuram adalah biasa bagi kemurungan. Ciri-cirinya ialah bersikap pesimis dan berpandangan negatif. Individu itu mungkin berasa letih dan hendak menangis, tidak berupaya menikmati akiviti yang biasanya menyeronokkan tidak ambil peduli atau cepat marah dengan pasangan anda serta anak-anak dan secara umumnya berasa sengsara dan berputus asa. Biasa juga individu itu akan menangis tanpa sebab yang jelas.

Robert Buckman & Anne Charlish (2006:10) menyatakan lagi bahawa keresahan boleh menjadi sangat teruk sehingga orang yang murung itu menjadi khuatir dia akan gila. Mungkin individu itu sebenarnya "tidak berasa seperti diri dia sendiri". Sesuatu perkara mungkin kelihatan teruk di sebelah pagi tetapi bertambah baik apabila individu itu memaksa dirinya menghadapi hari yang berkenaan. Individu itu mungkin berasa serba kekurangan dan gagal berfikir individu itu menjadi beban serta memberi kesan tidak menyeronokkan kepada keadaan orang lain, rasa bersalah dan menyalahkan diri apabila sesuatu perkara tidak menjadi. Orang yang murung itu mungkin hilang minat terhadap sesuatu perkara, termasuk seks. Dia mungkin teringin untuk tinggal di atas katil sepanjang hari.

Orang yang murung mungkin berasa perhatiannya lemah dan hilang daya penumpuan. Ingatan orang yang murung akan mula membuatkan dirinya sedih. Rasa disorientasi dan dislokasi mungkin jadi bertambah teruk, dan rasa sangat takut serta keinginan untuk mengasingkan diri mungkin membawa kepada panik. Dan yang paling teruk orang yang mengalami kemurungan mula mendapati setiap hari sebagai satu penyeksaan dan ingin bebas daripadanya. Mereka dibayangi dengan rasa inginkan mati. (Robert Buckman & Anne Charlish, 2006:11)

Robert Buckman & Anne Charlish, (2006:11) juga telah senaraikan gejala kemurungan, katanya: banyak orang yang mengalami kemurungan tidak berupaya memahami apa yang berlaku terhadap mereka., atau meluahkan perasaan mereka kepada orang yang rapat dengan mereka. Jadual dibawah ini merupakana senarai semak sesetengah gejala yang biasa di kalangan orang yang mengalami kemurungan. (Lihat Jadual 2.2)

Jadual 2.2   Gejala kemurungan dan Ciri-cirinya

Gejala	Ciri-ciri
• MURAM	• Pesimis, tiada unsur jenaka, berputus asa, sengsara, putus harapan.
• RESAH	• Keresahan, agitasi, gementar, panik
• APATI	• Rasa bersalah, rasa tidak berguna.
• KELIRU	• Hilang minat dan libido, mudah menangis.
	• Daya penumpuan dan ingatan yang lemah.
	• Disorientasi mengasingkan diri.
• HILANG TENAGA	• Bercakap dan berjalan dalam 'gerak perlahan', letih.
• PERUBAHAN SELERA	• Biasanya hilang selera, kadang-kadang bertambah selera.
• PERUBAHAN TIDUR	• Terjaga awal, sukar tidur.
• RASA INGIN BUNUH DIRI	• Asyik dengan rasa ingin bunuh diri dan kematian.

Menurut Patrick Mathiasen dan Susanne LeVert (1997:46), kesan yang paling ketara dalam kemurungan ialah kesan ke atas emosi dan mood(perasaan hati). Kesedihan merupakan hal yang paling biasa dan tangisan adalah cara ekpresinya (menzahirkan apa yang terpendam). Ini dapat dilihat dalam kata-kata seorang yang murung: "Waktu pagi adalah masa yang paling perit bagi saya; tapi sebenarnya saya tidak tahu kenapa saya menangis di waktu-waktu yang ganjil.....secara tiba-tiba sewaktu saya sedang menyiapkan makan tengahari atau sedang hendak menghidupkan enjin kereta atau sedang menyikat rambut, mata saya akan digenangi air mata dan hati saya menjadi pilu. Saya tidak tahu apakah penyebabnya setiap kali ia terjadi."

Tetapi katanya lagi, kesedihan hanya salah satu aspek spektrum kesedihan daripada kemurungan. Kecelaruan ini boleh mencetuskan perasaan lain, ini termasuk:

Kekosongan *(Emptiness)*: Sebahagian orang yang murung tidak akan berasa sedih atau terdesak akan tetapi dia akan merasakan dirinya kekosongan dan tidak ada hubungan dengan dunia ini. Tidak ada aktiviti atau teman sejati yang dapat memberi keseronokan.

Ketiadaan harapan *(Hopelessness)*: Satu sebab mengapa segelintir orang sahaja yang menghidapi kemurungan yang minta pertolongan adalah kerana mereka percaya bahawa tiada siapa di dunia ini yang dapat merubah mood atau situasi mereka. Situasi sekarang sesuatu yang tidak tertanggung dan di dalam fikiran mereka, masa depan akan bertambah buruk. Kebanyakan para psikologis berpendapat mereka yang mengalami perasaan kesesia-siaan teruk ini akan mudah terdedah kepada bahaya membunuh diri.

Penuh penyesalan *(Remorse)*: Jika masa hadapan di pandang gelap oleh orang yang murung, maka pengalaman lalu merupakan ruang yang penuh dengan kegagalan, kegelapan dan penyesalan.

Perasaan bersalah *(Guilt)*: Terkadang kemurungan mendatangkan kitaran perasaan salah yang melesukan, diikuti dengan aktiviti berkurang, kemudian disusuli dengan aktiviti kebimbangan dan seterusnya aktiviti perasaan salah yang berlebihan. Dengan kekurangan tenaga dan motivasi, ramai orang yang murung gagal untuk melaksanakan tugas harian mereka, mundur dalam tugas mereka dan mengabaikan orang yang paling rapat dengan mereka. Ini menimbulkan ketegangan dan tekanan *(stress)* yang menambahkan sebab untuk berperasaan tidak berharga.

Perasaan ingin bunuh diri *(Suicidal feelings)*: Kemungkinan terdapat beberapa orang sahaja yang belum terdorong sedemikian, akan tetapi ramai yang putus harap, putus asa lalu mengambil keputusan untuk mati. Bagaimanapun di kalangan mereka yang murung, perasaan ini mula merebak. (Patrick Mathiasen dan Susanne LeVert, 1997:46-47)

Kemurungan bukan sahaja menyebabkan kehilangan tetapi kematian; dan pencegahan membunuh diri merupakan satu matlamat utama rawatan bagi para psikologis untuk orang tua. (Simon Lovestone and Robert Howard, 1996)

Jill Manthorpe dan Steve Iliffe (2005:26): juga mendapati dalam kajian mereka bahawa orang yang murung akan melaporkan:

- Rasa "perasaan terperangkap".

- Berfikiran "masa hadapan kelihatan tiada harapan".

- Merasai "kekosongan yang gelap dihadapan".

Selanjutnya, Jill Manthorpe dan Steve Iliffe (2005:27), menyebut bahawa orang tua mempunyai perasaan malu melebihi orang muda, untuk bertemu doktor bagi mengubati kemurungan kerana prasangka dan kekuatiran dikaitkan dengan sakit mental serta kekhuatiran dilupus atau diberi rawatan yang tidak wajar.

2.5 Bentuk Sokongan Emosi Yang diperlukan Warga Tua Yang Murung

Melalui perspektif psikologi, proses yang utama bagi warga tua ialah menyesuaikan diri dengan perubahan fizikal dan biologi, kesihatan, bersara daripada kerja dan bersedia menerima kematian. Teori tekanan hormon berpegang kepada faktor bahawa proses penuaan yang berlaku dalam sistem hormon pada masa tua boleh mengurangkan daya tahan diri terhadap tekanan dan meningkatkan risiko kepada penyakit (Finch & Seeman, 1999).

Di samping itu, sikap optimistik golongan tua dalam proses penyesuaian diri amat berkait rapat dengan aspek kesihatan. Sebagaimana telah dinyatakan di atas, aspek kesihatan berkait dengan perkembangan kognitif di kalangan warga tua. Semakin optimistik sikap mereka terhadap perubahan yang berlaku, semakin baik cara mereka berdepan dengan masalah kelemahan aspek fizikal, cabaran-cabaran, keprihatinan terhadap kesihatan yang berterusan dan kesihatan psikologi (Schwarzer, 1999; Heidrich& Ryff, 1993).

Jill Manthorpe dan Steve Iliffe (2005:29) menyatakan bahawa orang tua yang murung memang payah untuk para petugas professional berdepan atau bersama dengan orang tua yang murung, kerana mereka akan membawa emosi yang terlalu kuat dan ini menimbulkan suasana yang mendesak untuk mengatasi emosi mereka yang negatif, yang sengaja dibangkitkan untuk mengelakkan diri mereka daripada manusia lain. Rowe (2003:165) dalam Jill Manthorpe dan Steve Iliffe (2005:39) menyatakan bahawa para petugas profesional akan berasa seakan-akan mereka merantau dalam jerebu, atau mereka sedang berada di luar penjara untuk berhubung dengan orang tua yang murung di dalam penjara.

Maka itu para petugas professional perlu mempunyai kerangka kefahaman yang kukuh bagi mengatasi emosi-emosi ini dan salah satu kerangkanya ialah peranan yang jelas dan tindak-balas yang dapat disepadukan kepada situasi seseorang individu. Jill Manthorpe dan Steve Iliffe (2005:40) menjelaskan lagi bahawa Persatuan Psikiatri Sedunia (1999) telah menggariskan prinsip-prinsip umum untuk rawatan itu seperti berikut:

1. Yang paling penting ialah pendidikan para petugas (serta pegawai-pegawai) mengenai kemurungan serta penglibatan mereka dalam membuat keputusan rawatan. Ini bermakna membuat tinjauan terhadap kefahaman individu mengenai kemurungan termasuk sebab-sebabnya serta bekerja mengatasi persepsi yang berusaha untuk mengembalikan mood yang normal. Ini bermakna para professional harus membuka ruang buat menerima nasihat pengalaman para sukarelawan tanpa sedikit pun kehilangan kewibawaan mereka.

2. Doktor, para terapis dan kakitangan kesihatan mental hendaklah merawat kemurungan dengan tujuan mencapai kelangsungan penuh penyembuhan tanpa memberi ruang kepada simptom kemurungan berlaku lagi.

3. Harus cuba merawat seluruh diri pesakit itu. Masalah kesakitan fizikal sampingan seperti penglihatan dan pendengaran yang teruk perlu diberi perhatian juga agar pesakit tidak mengasingkan diri. Setiap petugas harus tahu arah haluan yang mana serta agensi yang perlu di rujuk. Begitu juga halnya pekerja sosial.

4. Meninjau risiko luka diri sendiri dengan senantiasa mengingati risikonya sambil berhubungan dengan pesakit yang berisiko itu.

5. Cuba peroleh bantuan medikasi dan nasihat jururawat kesihatan mental untuk orang-orang yang difikirkan mempunyai kemurungan yang teruk melalui senarai semak.

Penyesuaian atau adaptasi adalah kemampuan atau kecenderungan makhluk hidup dalam menyesuaikan diri dengan lingkungan baru untuk dapat tetap hidup dengan baik (Godam, 2007). Penyesuaian atau adaptasi merupakan satu proses yang dinamik kepada organisma ataupun lingkungan yang mana ianya tidak ada yang bersifat konstan atau tetap. Malah adaptasi juga dapat dilihat sebagai usaha untuk memelihara keadaan kehidupan dalam menghadapi perubahan. Penyesuaian juga dilakukan bagi membolehkan individu mengawal dan mengurangkan kebimbangan dengan memutarbelitkan realiti melalui pelbagai cara (Ida Hartina, 2006).

Sue Atkinson (2009:25) memberi gambaran menyeluruh tentang faktor-faktor kemurungan dan "apa yang dapat membantu (kemurungan)" dalam rajah 2.1 semasa membahaskan sebab-sebab kemurungan. Jawapan beliau kepada soalan apakah penyebab kemurungan?: *"no one simple answer"* – tidak ada satu jawapan mudah:

Rajah 2.1 Gambaran faktor-faktor kemurungan dan apa yang dapat membantu (kemurungan)

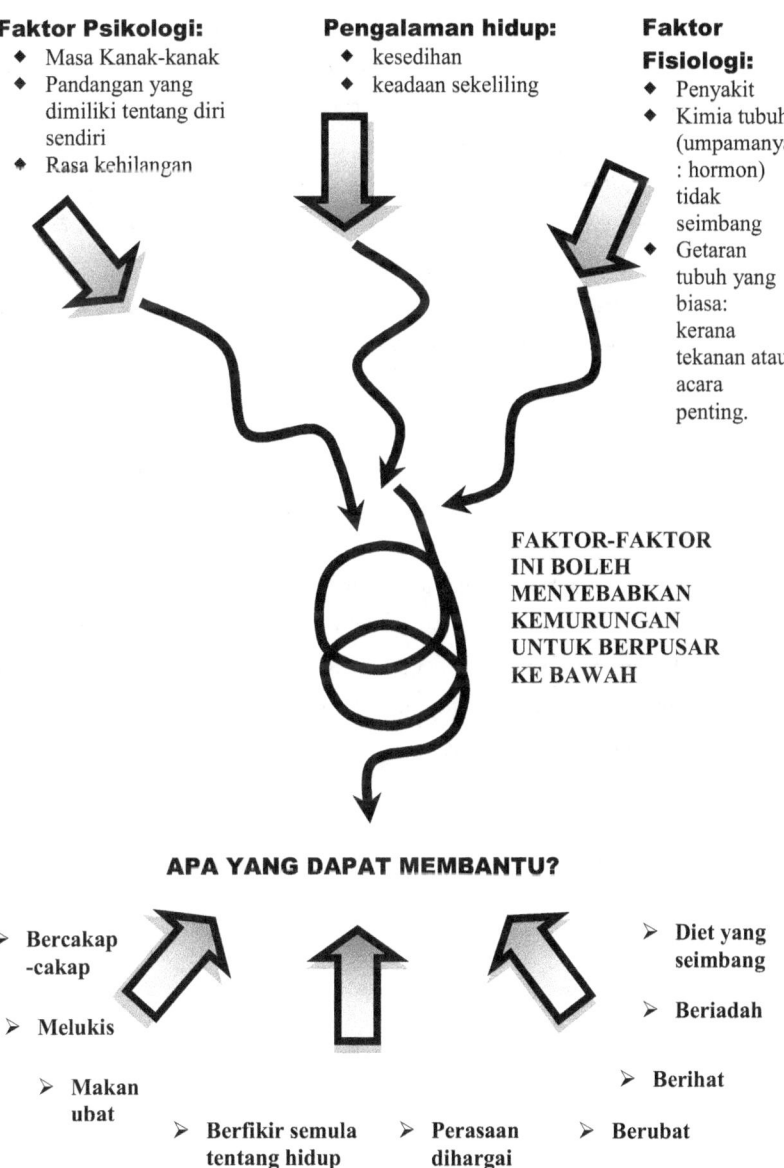

Faktor Psikologi:
- Masa Kanak-kanak
- Pandangan yang dimiliki tentang diri sendiri
- Rasa kehilangan

Pengalaman hidup:
- kesedihan
- keadaan sekeliling

Faktor Fisiologi:
- Penyakit
- Kimia tubuh (umpamanya : hormon) tidak seimbang
- Getaran tubuh yang biasa: kerana tekanan atau acara penting.

FAKTOR-FAKTOR INI BOLEH MENYEBABKAN KEMURUNGAN UNTUK BERPUSAR KE BAWAH

APA YANG DAPAT MEMBANTU?

- Bercakap-cakap
- Melukis
- Makan ubat
- Berfikir semula tentang hidup kita
- Perasaan dihargai
- Diet yang seimbang
- Beriadah
- Berihat
- Berubat

Berikut ini dijelaskan beberapa dapatan yang dibuat dalam kajian di rumah jagaan warga tua di Malaysia. Antaranya kajian yang dilakukan Ruziah Mohamad Noh (1985) adalah untuk melihat perbandingan persepsi diri antara orang tua yang tinggal di dalam dan luar institusi. Seramai 40 orang tua Melayu dijadikan sebagai subjek kajian. Kajian memfokuskan kepada persepsi warga tua terhadap masalah kesihatan, kesunyian dan diri membebankan orang lain. Kajian ini melihat sama ada subjek mempunyai masalah yang sama atau tidak. Hasil kajian mendapati wujudnya perbezaan persepsi diri antara warga tua di dalam institusi dan di luar institusi. Kajian menunjukkan bahawa warga tua yang tinggal di dalam institusi mempunyai persepsi diri yang lebih rendah. Mereka merasakan diri mereka membebankan orang lain. Selain itu, mereka turut mengalami kesunyian. Akibatnya, mereka mempersepsikan diri mereka sebagai tidak berguna, tersisih dan sebagainya. Perasaan ini seterusnya akan mempengaruhi sikap dan persepsi mereka terhadap kematian.

Nur Hayati Maliki (1986) pula membuat kajian mengenai faktor-faktor tertentu yang berkaitan dengan kesunyian di kalangan orang tua Melayu. Faktor yang dikaji merangkumi ketidakupayaan fizikal dan mental, aktiviti semasa. ketiadaan pasangan hidup, aktiviti dan mobiliti di kalangan orang tua. Keputusan yang diperolehi menunjukkan kesemua faktor yang dikaji mempunyai hubungan dengan kesunyian yang dialami warga tua. Didapati individu yang tidak berupaya menghadapi tekanan biologi, fizikal dan persekitaran akan mengalami kesunyian dan menyebabkan kehidupan harian mereka terjejas. Terdapat juga orang tua yang mempersepsikan kematian sebagai sesuatu yang ditunggu-tunggu.

Kajian Nurhidayati Binti Badarulzaman (2008) meneliti tahap tekanan yang dialami warga tua yang tinggal di Rumah Seri Kenangan Bedong (RSKB). Tujuan kajian ini adalah untuk mengetahui sejauh mana tahap tekanan warga tua di RSKB, faktor-faktor penyebab tekanan serta mengenal pasti cara-cara mengatasi tekanan yang digunakan oleh warga tua di institusi tersebut. Tekanan yang dialami adalah disebabkan beberapa faktor seperti sokongan sosial, kemurungan, kesunyian, kematian, penghargaan kendiri dan kesihatan. Selain itu, kajian ini juga dapat mengenal pasti tahap tekanan emosi warga tua terhadap kematian. Tahap tekanan emosi tersebut dibahagi kepada tiga tahap iaitu tahap rendah, sederhana dan tinggi.

Data dikumpulkan dengan menggunakan borang soal selidik yang telah disediakan. Seramai 23 orang penghuni telah dijadikan subjek kajian. Mereka terdiri daripada 9 orang lelaki dan 14 orang perempuan. Hasil kajian ini, didapati bahawa setiap warga tua mengalami tekanan. Akan tetapi, tekanan dapat dielakkan sekiranya seseorang itu bijak menguruskan tekanan yang dialami. Tidak semua warga tua mengalami tekanan yang diakibatkan oleh faktor yang sama. Terdapat segelintir warga tua mengalami tekanan apabila tidak mendapat sokongan sosial. Ada juga yang tertekan disebabkan keadaan persekitaran atau kesihatan yang kurang baik. Ini telah dibuktikan setelah data yang diperolehi diproses dan dianalisis.

Menurut kajian Prof. Robert Priest (1983) dalam Mohamed Alfian Harris Bin Omar & Mohamed Sharif Mustaffa (2006), sekitar tahun 1960-an gejala kebimbangan dan kemurungan menjadi bertambah serius sehingga boleh mengancam nyawa manusia dari masa ke masa. Menurut beliau juga penyakit emosi ini boleh dirawat dan individu itu masih boleh dibantu. Menurut beliau lagi, hampir 10 peratus daripada populasi di negara Barat menghadapi masalah serius berkaitan gangguan emosi yang memerlukan bantuan. Pakar berpendapat masalah ini boleh meningkat dan menjangkau kepada 30 peratus. Kajiannya menunjukkan hampir 2 juta penduduk negara Barat pada masa itu hidup di dalam kesunyian. Selain itu, turut menyatakan bahawa semasa beliau sedang membuat kajian tentang sebab dan cara mengubati gangguan emosi ini, keadaan jumlah pesakit bertambah pada setiap tahun, di mana 80 peratus individu ini mengalami kebimbingan atau kemurungan.

2.6   Bentuk Sokongan Melalui Rawatan dan Psikoterapi

2.6.1   Rawatan

Pakar-pakar psikologi berjaya mengenal pasti beberapa jenis rawatan yang sesuai untuk penderita-penderita kemurungan. Jenis-jenis rawatan ini sebenarnya digunakan bergantung pada keadaan seseorang individu itu, yaitu sama ada kemurungan yang dialami kronik ataupun tidak, sama ada kemurungan itu boleh membawa kepada bunuh diri (Nevide et al., 2000). Antara rawatan yang dianggap berkesan adalah rawatan psikoterapi, rawatan kimoterapi dan terapi elektrokonvulsif (Ma'rof & Haslinda, 2004). Akan tetapi bagi kajian ini, skop terapi hanya terbatas kepada rawatan psikoterapi sahaja.

Rawatan yang lain yaitu rawatan kimoterapi dan terapi elektrokonvulsif adalah skop para pengurus/pengelola rumah tumpangan, hospital, para doktor dan psikiatris. Dalam kajian ini, pengkaji hanya memfokuskan kepada dua jenis teori sahaja yaitu : Teknik Terapi Kognitif Tingkahlaku dan Teknik Terapi Kemanusiaan, selain teknik rawatan al-Kindi dan Terapi Keagamaan. Ini kerana pengkaji berpendapat terapi kognitif dan terapi berpusatkan klien adalah paling sesuai memandangkan pemboleh ubah terdiri dari warga tua yang memerlukan perhatian dengan kedudukan mereka yang terbatas di rumah tumpangan tersebut.

2.6.2   Psikoterapi

Rawatan psikoterapi terdiri daripada beberapa bentuk terapi yang dikaitkan dengan teori-teori psikoanalisis, humanistik, kognitif dan pembelajaran sosial bergantung pada kesesuaiannya dengan pesakit. Rawatan psikoterapi ini adalah suatu proses di mana manusia memberikan bantuan kepada manusia lain dengan menggunakan interaksi antara sesama manusia yang diasaskan kepada teori psikologi yang berkaitan dengan masalah, tetapi tidak menggunakan sebarang kaedah rawatan seperti pemberian ubat ataupun dadah.

2.6.2.1   Terapi Kognitif

Pendekatan ini percaya, masalah-masalah psikologikal berpunca daripada proses-proses kognitif yang kurang sejahtera. Oleh itu, kaedah rawatannya menekankan penstrukturan semula kognitif. Fokus diberikan kepada menukarkan pandangan dan persepsi pesakit pada dirinya, tingkah lakunya dan kehidupan supaya menjadi lebih positif. Tekniknya adalah menganalisis secara rasional persepsi-persepsi berkenaan dan menukarkannya kepada yang lebih realistik dan logikal. Satu contoh terapi yang mengambil pendekatan ini adalah Rasional-Emotif Terapi yang dipelopori oleh Albert Ellis.

Konsep dalam Teori Rasional Emosi Tingkahlaku (TRET) pula mengandaikan manusia dilahirkan dengan pemikiran yang rasional dan tidak rasional. Melalui teori ini, klien diajar untuk bertanggungjawab terhadap diri sendiri dan membantu mereka menerima bahawa setiap mahkluk tidak terlepas daripada melakukan kesilapan. TRET berusaha membantu klien mencari jalan menangani kemurungan, ketakutan, rasa terluka, hilang harga diri dan perasaan benci. Asas bagi teori dan amalan TRET ini ialah Teori personaliti ABC.

Dengan menggunakan teori ini, klien akan belajar mengubah tingkahlakunya melalui tiga langkah iaitu :

Pertama: Klien belajar mengenalpasti kepercayaan tidak rasional

Kedua :   Klien akan berhujah tentang kepercayaannya yang salah dengan belajar menggunakan soalan yang logik dan empirikal

Ketiga: Klien akan belajar membuat perbezaan tentang kepercayaan rasional. Akhirnya klien akan sampai ke satu peringkat yang membolehkan klien membina satu falsafah yang efektif dan bersifat praktikal.

Teknik terapi tingkahlaku menggunakan Model Teori personaliti ABC seperti yang ditunjukkan dalam gambar rajah 2.2 Teori personaliti ABC ini akan membantu pesakit mengenalpasti tingkahlaku yang tidak rasional serta berusaha untuk mengubah tingkahlaku terbabit ke arah yang lebih positif.

A adalah peristiwa yang dikenalpasti menyebabkan gangguan mental dan emosi;

B adalah kepercayaan pesakit yang salah dan

C adalah hasil akibat dari kepercayaan tadi.

Tugas kaunselor dalam teori ini ialah untuk menentang (*dispute*) kepercayaan pesakit tadi agar pesakit sedar bahawa pemikiran, emosi dan tingkahlakunya yang salah adalah penyebab kepada keadaan emosi yang terganggu.

Rajah 2.2 :   Teori Personaliti ABC

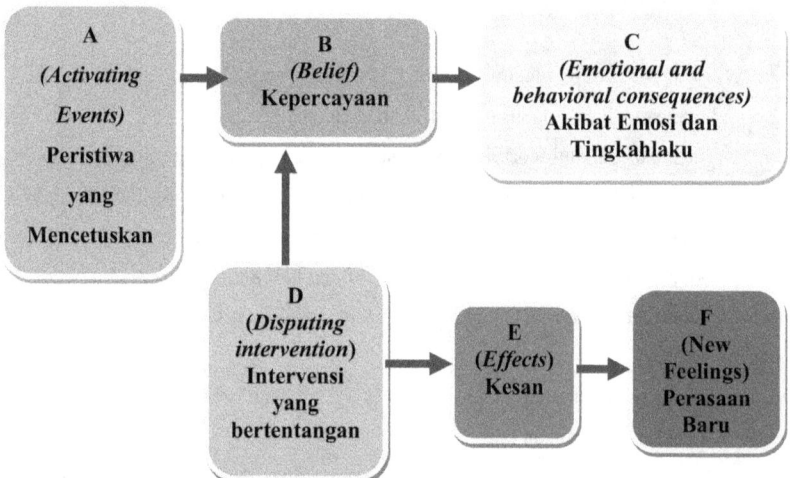

Sumber: Corey, G. (2005). *Theory and practice of counseling and psychotherapy* **(7th ed.). Belmont, CA: Thomson Learning**

Dalam teori Personaliti ABC ini, sebarang gangguan emosi yang timbul akan dikaji. Klien akan diajar untuk mengenalpasti apakah penyebab sebenar gangguan yang dialami. Sebagai contoh dalam kes kemurungan ini, klien merasa kemurungan bukan disebabkan klien sudah tua tetapi disebabkan oleh kepercayaan diri individu yang dia telah hilang tempat bergantung, kehilangan teman dan sebagainya.

Klien yang berhasil menemui kepercayaan yang salah tadi akan mula membina tindakan yang lebih rasional seterusnya dapat mengubah kepada keadaan emosi baru yang lebih proaktif dan untuk kesejahteraan hidupnya.

Beberapa teknik yang digunakan dalam pendekatan kognitif ini adalah pernyataan kendiri (*self-statements*). Pernyataan-pernyataan ini merubah pemikiran bagi peningkatkan sikap toleransi kepada situasi yang kurang selesa atau menginterpretasi sesuatu keadaan dengan pandangan yang lebih positif.

Menurut Robert Buckman & Anne Charlish (2006:44), terapi kognitif berada di ambang psikoterapi moden. Kognisi menerangkan pemikiran, ingatan dan persepsi. Terapi kognitif boleh ditakrifkan sebagai bantuan yang dengannya manusia melihat peristiwa dan keadaan. Ia berfungsi berasaskan bagaimana manusia berfikir untuk mencorakkan apa yang manusia rasa dengan mengubah suai tindak balas pemikiran dan automatik kepada perasaan dan angin manusia itu.

Tujuan terapi kognitif ini dalam merawat kemurungan adalah untuk mengenal pasti dan mencabar pola pemikiran negatif dan pesimis dengan harapan untuk membina pemikiran yang lebih realistik dan objektif. Dengan perkataan lain, untuk menjadikan manusia lebih optimis supaya angin manusia menjadi lebih baik dan kemurungan manusia beransur-ansur hilang. Jika manusia mencuba terapi kognitif, manusia akan digalakkan menyimpan diari untuk merekod angin mereka, pemikiran dan aktiviti untuk mencabar kelakuan stereotaip, untuk menetapkan sasaran dan melaksanakan tanggungjawab bantu-kendiri sebagai kerja rumah dan sistem ganjaran bagi setiap langkah pencapaian dan kecil yang positif.

Terapi ini sesuai khususnya bagi mereka yang mengalami masalah rasa rendah diri dan bagi pola tingkah laku yang merosakkan seperti marah di luar kawal, tahi judi, dan kaki arak. Ia sangat berguna bagi setiap orang yang mengalami perulangan kemurungan yang telah membina cara pemikiran yang negatif dan mengecewakan tentang dirinya yang menyebabkan sebarang kesusahan boleh menimbulkan kemurungan yang teruk pada dirinya.

2.6.2.2   Terapi Berpusatkan Klien

Teknik terapi kemanusiaan yang dibincangkan ialah Terapi Berpusatkan Klien. Dalam pendekatan ini, klien dianggap sebagai orang yang terbaik dan paling memahami permasalahan yang dihadapinya, dan klien boleh membuat keputusan sendiri. Arkes dan Garske (1982) bersetuju dengan pendapat Carl Rogers (1902-1987) bahawa setiap manusia mempunyai kecenderungan untuk merealisasikan kesemua potensi yang ada padanya. Manusia juga dilihat sebagai makhluk yang baik dan mulia serta sentiasa ingin maju ke hadapan (Gerow, 1983) dan dilihat sentiasa berusaha untuk mencapai kesempurnaan diri. Teknik yang digunakan oleh Rogers dalam Teori Berpusatkan Klien ini ialah:

i) Penerimaan tanpa syarat

Pakar terapi akan mendengar segala luahan hati klien tanpa memberikan apa-apa kritikan dan prasangka. Semasa proses penerokaan kes pakar terapi Rogerian tidak akan membuat sebarang komen. Kadangkala berlaku masalah kesenyapan akibat klien yang belum bersedia berkongsi masalah. Walaubagaimanapun, sikap ahli terapi yang menerima sikap kesenyapan klien akan menyebabkan klien mempelajari sesuatu. Selain itu, Oberteuffer et. al (1972) juga mengatakan sifat prihatin kaunselor adalah berkesan dalam melahirkan fikiran yang waras dan rasional pada pesakit.

ii)   Empati

Terapi yang bersifat fenomenologi ini merujuk kepada masa sekarang dan bukannya perkara-perkara yang telah lampau seperti pendekatan psikoanalisis. Ahli terapi perlu meletakkan diri mereka dalam situasi yang dialami oleh klien, iaitu turut merasai kesedihan dan kegembiraan klien.

iii)   Kejujuran, keikhlasan dan kebenaran

Sepanjang sesi terapi, pakar terapi perlulah bersikap jujur dan ikhlas. Perhatian sepenuhnya perlu diberikan kepada klien untuk membolehkan klien berkenaan bercerita secara bebas. Gerow menyatakan teknik ini sangat berkesan untuk pesakit pesakit yang menghidapi kecelaruan mental dan emosi yang sederhana.

Tugas kaunselor atau pakar terapi ini adalah untuk menyediakan persekitaran yang kondusif, berempati, bersifat memahami dan bersedia tanpa syarat (Gerow, 1936). Rogers percaya jika klien diletakkan dalam persekitaran yang membina, ia akan berfungsi sebaiknya. manusia memerlukan penerimaan tanpa syarat dan kasih sayang daripada masyarakat sekitarnya, terutamanya semasa seseorang itu berada pada fasa awal pertumbuhannya. Apabila tanggapan terhadap diri sendiri dan masyankat terhadapnya berbeza maka wujudlah suasana ketidakseimbangan. Untuk kembali mencapai keseimbangan seseorang itu akan menggunakan helah bela diri seperti penolakkan (*repression*) dan penahanan (*distortion*).

2.6.2.3   Terapi Keagamaan (Terapi Psikoreligus)

Menurut Dr Dadang Hawari (2001), dewasa ini perkembangan terapi di dunia kedoktoran sudah berkembang ke arah pendekatan keagamaan (psikoberagama). Dari berbagai penelitian yang telah dilakukan ternyata tingkat keimanan seseorang erat hubungannya dengan kekebalan dan daya tahan dalam menghadapi berbagai masalah kehidupan yang merupakan tekanan psikososial. Persatuan Kesihatan seDunia (WHO, 1984) telah menetapkan unsur *spiritual* (agama) sebagai salah satu dari 4 unsur kesehatan. Keempat unsur kesihatan tersebut adalah sehat fisik, sehat psikik, sehat sosial dan sehat spiritual. Pendekatan baru ini telah digunapakai oleh psikiatris Amerika Syarikat (*the American Psychiatric Association*/APA, 1992) yang dikenal dengan pendekatan "*bio-psycho-socio-spiritual*". Lindenthal (1970) dan Star (1971) melakukan studi epidemiologik yang hasilnya menunjukkan bahwa penduduk yang beragama berisiko untuk mengalami stres jauh lebih kecil daripada mereka yang tidak beragama dalam kehidupan sehari-harinya. Sebagaimana diketahui salah satu akibat stres adalah seseorang dapat jatuh dalam keadaan kemurungan dan seringkali melakukan tindak bunuh diri.

Dalam kaitannya dengan bunuh diri Comstock dan Partridge (1972) melakukan penelitian dan dari data yang diperoleh dinyatakan bahwa mereka yang tidak beragama risiko bunuh diri 4 kali lebih tinggi dibandingkan dengan mereka yang beragama. Dalam penelitian lanjutan yang dilakukan oleh Stack, Stark, Doyle dari Rushing (1983) mengemukakan bahwa semakin menurun beragama penduduk secara nasional, dapat merupakan petunjuk akan meningkatnya angka bunuh diri secara nasional pula. Oleh Brenult dan Barkley (1983) dinyatakan bahwa hasil kajian di atas menunjukkan bahwa beragama penduduk lebih merupakan indikator dan faktor yang lebih efektif dalam hubungannya dengan angka bunuh diri daripada hubungan bunuh diri dengan faktor pengangguran. Bahkan secara nasional disebutkan bahwa komitmen agama atau tingkatnya keagamaan penduduk dapat dijadikan *barometer* angka bunuh diri. (Dadang Hawari, 2001:141)

Comstockd, *et.al* (1972) dalam penelitiannya yang dipublikasikan dalam *Jurnal of Chronic Diseases* (1972), menyatakan bahwa bagi para pesakit yang melakukan kegiatan keagamaan secara teratur disertai dengan doa dan zikir. Clinebel (1981) dalam penelitiannya menyatakan bahwa pada setiap diri manusia (meskipun ia seorang atheis sekalipun) terdapat keperluan dasar rohani (*basic spiritual needs*) Keperluan dasar *spritual* ini adalah kebutuhan kerohanian keagamaan dan keTuhanan yang kerana faham materialisme dan sekulerisme menyebabkan keperluan dasar *spiritual* tadi terabai dan terlupakan tanpa disadari.

Dengan tidak terpenuhinya keperluan dasar *spiritual* tadi maka daya tahan dan kekebalan seseorang dalam menghadapi tekanan psikososial menjadi lemah yang kemudian sebahagian dari mereka "melarikan diri" (*escape in action*) ke NAZA (Dadah, Alkohol dan Zat Adiktif). Sebenarnya salah satu keperluaan dasar manusia adalah rasa aman dan terlindung (*security feeling*), yang ertinya manusia memerlukan "Pelindung" yaitu Tuhan yang dapat memberikan rasa ketenangan dalam hidup ini dan memberikan petunjuk dalam bentuk taufiq dan hidayah dalam penyelesaian berbagai masalah kehidupan yang merupakan tekanan psikososial. (Dadang Hawari, 2001:142)

Dengan beribadah yaitu berdoa dan berzikir maka Tuhan akan memudahkan yang mudah dan memudahkan yang sukar. House, Robbins dan Metzner (1984) melakukan kajian terhadap 2,700 orang selama 8-10 tahun. Hasilnya menunjukkan bahwa mereka yang rajin menjalankan ibadah, berdoa dan berdzikir, angka kematian (*mortality rates*) jauh lebih rendah dibandingkan dengan mereka yang tidak menjalankan ibadah, berdoa dan berzikir. (Dadang Hawari, 2001:142)

2.6.2.3.1   Doa Dan Dzikir Menurut Agama Islam

Sebagai contoh misalnya dalam agama (Islam) beberapa ayat dan hadis berikut ini dapat diamalkan sebagai doa bagi mereka yang sedang menderita stres, bimbang dan atau depresi (kemurungan) atau penyakit fisik lainnya, terjemahannya dalam bahasa Melayu adalah sebagai berikut: (Dadang Hawari, 2001:141)

a. "(Tidak demikian) bahkan barang siapa yang menyerahkan diri kepada Allah, sedangkan ia berbuat kebajikan, maka baginya pahala pada sisi TuhanNya dan tidak ada kekuatiran terhadap mereka dan tidak (pula) mereka berselisih hati". (Q.S.2: 112)

b. "(Yaitu), orang-orang yang beriman dan hati mereka manjadi tenang dengan mengingat Allah. lngatlah, hanya dengan mengingat Allah, hati akan menjadi tenang". (Q.S13: 28)

c. "Dan janganlah kamu merasa lemah (dalam perjuangan mempertahan dan menegakkan Islam), dan janganlah kamu berdukacita (terhadap apa yang akan menimpa kamu), padahal kamulah orang-orang yang tertinggi (mengatasi musuh dengan mencapai kemenangan) jika kamu orang-orang yang (sungguh-sungguh) beriman". (Q.S. 3: 139)

d. "Sesungguhnya Aku (Allah) sentiasa hampir (kepada mereka); Aku perkenankan permohonan orang yang berdoa apabila ia berdoa kepadaKu. maka hendaklah mereka menyahut seruanku (dengan mematuhi perintahKu), dan hendaklah mereka beriman kepadaKu supaya mereka menjadi baik serta betul". (Q.S.2:186).

e. "Dan apabila Aku sakit, maka Dia lah yang menyembuhkan penyakitku". (Q.S 26: 80)

f. "Wahai umat manusia! Sesungguhnya telah datang kepada kamu Al-Quran yang menjadi nasihat pengajaran dari Tuhan kamu, dan yang menjadi penawar bagi penyakit-penyakit batin yang ada di dalam dada kamu, dan juga menjadi hidayah petunjuk untuk keselamatan, serta membawa rahmat bagi orang-orang yang beriman". (Q.S. 10:57)

g. "Wahai orang-orang mempunyai jiwa yang sentiasa tenang tetap dengan kepercayaan dan bawaan baiknya!, kembalilah kepada Tuhanmu dengan keadaan engkau berpuas hati (dengan segala nikmat yang diberikan) lagi diredhai (di sisi Tuhanmu)! serta masuklah engkau dalam kumpulan hamba-hambaKu yang berbahagia, masuklah ke dalam SyurgaKu!". (Q.S89 :27-30)

h. Katakanlah: "Sesungguhnya sembahyangku dan ibadatku, hidupku dan matiku, hanyalah untuk Allah Tuhan yang memelihara dan mentadbirkan sekalian alam" (Q.S.6 :162)

i. "Wahai orang-orang Yang beriman! bertaqwalah kamu kepada Allah dengan sebenar-benar taqwa, dan jangan sekali-kali kamu mati melainkan dalam keadaan Islam". (Q.S.3:102).

Dalam hadis, antaranya:

j. "Setiap penyakit ada ubatntya.jika ubat itu tepat mengenai sasarannya maka dengan izin Allah SWT, penyakit itu akan sembuh." (H.R.Muslim dan Ahmad)

k. "Berubatlah kalian, maka sesungguhnya Allah SWT tidak mendatangkan penyakit melainkan mendatangkan ubatnya, kecuali penyakit tua". (H.R. At Tirmidzi)

l. "Aku mohon kepada Allah Yang Maha Agung agar menyembuhkan aku dengan tidak menderita sakit lagi." (H.R. Bukhari)

m. Dengan nama Allah yang Maha Pengasih lagi Maha Penyayang, "Ya Allah yang Tuhan manusia! hilangkanlah derita, sembuhkanlah penyakit. Engkaulah Zat Maha Penyembuh tiada lain kecuali Engkau." "Ya Allah, hamba mohon kepada Mu agar aku sihat". (H.R. Ahmad dan Nasa'i dari Muhammad bin Khatib)

n. "Ya Allah Yang Maha mencukupi aku, dan Yang sebaik-baik melindungi aku, Yaa Robbi, curahkanlah kesabaran dalam hatiku, dan jadikanlah aku mati di dalam Islam." (H.R Abu Daud dari Auf bin Malik)

o. "Ya Allah, hidupkanlah aku bila hidup itu lebih baik untukku, dan wafatkanlah aku jika wafat itu lebih baik bagiku". (H.R. Bukhari Muslim dan Muslim dari Anas).

Dadang Hawari, (2001:155) menambah selain doa yang dipanjatkan ke hadirat Allah SWT sebagaimana contoh di atas, rasanya tidaklah lengkap apabila tidak disertai dengan zikir (mengingat Allah). Beberapa contoh zikir yang sering diucapkan terjemahannya dalam bahasa Melayu adalah sebagai berikut :

a. Membaca tasbih: *"Subhanallaah"* (Maha Suci Allah).

b. Membaca tahmid: *"Alhamdulillaah"* (Segala puji bagi Allah).

c. Membaca tahlil : *"Laa ilaaha illallaahu"* (Tidak ada Tuhan kecuali Allah).

d. Membaca takbir : *"Allaahu Akbar"* (Allah Maha Besar).

e. Membaca hauqalahi *"Laa haula walaa quwwata illaa billaah"* (Tidak ada daya, upaya dan kekuatan kecuali kepunyaan Allah).

f. Membacah asbalah: *"Hasbiyallaahu wani' mal wakiil"* (Cukuplah Allah dan sebaik-baiknya Pelindung)

g. Membaca istighfar: *"Astagfirullaahaal 'azhiim"*. (Saya mohon ampun kepada Allah Yang Maha Agong).

h. Membaca lafaz *Baaqiyaatush shaalihat* : *"subhaanallaah, wal hamdulillaah,wa laa illaaha illallahu wallahu akbar.* {Maha Suci Allah, dan segala puji bagi Allah dan tidak ada Tuhan kecuali Allah dan Allah Maha Besar)

Bagi seseorang yang beragama Islam, tekanan psikososial yang kelihatan kemurungan dan penyakit lain dapat dianggap sebagai musibah, cubaan, peringatan ataupun ujian keimanan seseorang. Oleh kerana itu, maka kita harus bersabar dan tidak boleh berputus asa serta melakukan pengawasan diri; berusaha berubat kepada doktor / psikiatris dan senantiasa tidak lupa berdoa dan berzikir.

Beberapa contoh ayat dan hadis yang terkait terjemahannya dalam bahasa Melayu, antara lain sebagai berikut : pengkaji hanya memetik dua terjemahan ayat AlQuran dan dua hadis sahaja: (Dadang Hawari, (2001:157)

i)   "Demi sesungguhnya! Kami akan menguji kamu dengan sedikit perasaan takut (kepada musuh) dan (dengan merasai) kelaparan, dan (dengan berlakunya) kekurangan dari harta benda dan jiwa serta hasil tanaman. dan berilah khabar gembira kepada orang-orang yang sabar". (Q.S.2: 155)

ii)   "Dan tiadalah Kami utuskan Rasul-Rasul itu melainkan sebagai pembawa berita gembira dan pembawa amaran; kemudian sesiapa yang beramal soleh, maka tidak ada kebimbangan (dari berlakunya kejadian yang tidak baik) terhadap mereka, dan mereka tidak akan berdukacita". (Q.S.6 : 48)

Dari Abu Hurairah r.a., Nabi Mulnmmad saw bersabda: *"Tidaklah seorang muslim ditimpa musibah, kesusahan, kesedihan, penyakit, gangguan menumpuk pada dirinya (kerana banyaknya) kecuali Allah hapuskan akan dosa-dosanya"*

(H .R. Bukhari dan Muslim)

"Janganlah ada seorangpun di antaramu yang meninggal, kecuali dalam keadaan berbaik sangka semata-mata hanya kepada Allah."

(H.R.Muslim)

Dipandang dari sudut kesihatan jiwa, doa dan zikir mengandung unsur psikoterapeutik yang mendalam. Terapi psikokeagamaan tidak kalah pentingnya dibandingkan dengan psikoterapi psikiatrik, kerana ia mengandung kekuatan *spiritual* (kerohanian) yang membangkitkan rasa percaya diri (*self confidence*) dan rasa optimis terhadap penyembuhan. Dua hal ini, yaitu rasa percaya diri dan optimis merupakan dua hal yang amat perlu untuk daya tahan dan kekebalan tubuh yang amat penting bagi penyembuhan suatu penyakit disamping ubat-ubat dan tindakan medikal yang diberikan. (Dadang Hawari, (2001:157)

2.6.3   Teknik Rawatan Lain

Pengkaji memetik tulisan Dr Mohd. Nasir Bin Omar(2005:168-174) ini, sebagai salah satu pilihan teknik rawatan untuk meneliti suatu jenis penyakit jiwa yang dianggap sangat berbahaya kepada manusia iaitu penyakit "kemurungan" menurut teori psikoterapi salah seorang pemikir Islam yang terkemuka iaitu al-Kindi (M.874). "Kemurungan" (*al-hazan/ great sadness / stress /depression*) merupakan antara penyakit jiwa yang sangat bahaya kerana ia boleh menyebabkan seseorang menjadi lemah, malas, jumud, putus asa, bersikap negatif, suka bergaduh, malah hingga boleh menyebabkan seseorang membunuh diri.

2.6.3.1   Teori Kemurungan al-Kindi (M.874)

Al-Kindi (m.874), adalah antara ulama dan tokoh falsafah sains Islam berbangsa Arab yang terawal dan terulung. Nama penuh beliau ialah Abu Yusuf Ya`qub ibn Ishaq al-Kindi. Beliau dilahirkan di Kufah pada akhir abad ke-2 Hijrah / ke-8 Masihi dan meninggal dunia, kemungkinan besar di Baghdad, pada akhir abad ke-3 Hijrah / ke-9 Masihi.

Sebenarnya tidak banyak yang diketahui tentang kehidupan dan sistem pendidikan yang telah diterima oleh al-Kindi. Beliau dilaporkan mendapat pendidikan awal di Basrah dan kemudian meneruskan pengajian di Baghdad yang merupakan pusat kemajuan tamadun ilmu yang terpenting di dunia ketika itu. Tokoh-tokoh biografer klasik Islam yang terkenal seperti Ibn al-Nadim, al-Sijistani dan Ibn Juljul, melaporkan bahawa al-Kindi merupakan pemikir Muslim yang sangat prolifik dan beliau menguasai pelbagai bidang ilmu pengetahuan semasa termasuk matematik, sains, perubatan, teologi, falsafah dan sebagainya (Majid Fakhry 1983:67-68). Manakala tokoh-tokoh orientalis seperti T. J. De. Boer (1970:99) pula, mengiktiraf al-Kindi sebagai seorang manusia yang luar biasa kerana beliau dapat menguasai hampir semua bidang ilmu pengetahuan dan sistem sosio-budaya semasa.

Ibn al-Nadim (1871-1872:238-303), tokoh biografer era klasik Islam dalam karya beliau yang sangat terkenal, *al-Fihrist,* telah menyenaraikan lebih daripada dua ratus buah hasil karya al-Kindi dalam berbagai-bagai bidang ilmu pengetahuan termasuk logik, metafizik, fizik, arismatik, muzik, astronomi, geometri, perubatan, astrologi, teologi, politik, topografi, psikologi, akhlak dan lain-lain. Walau bagaimanapun, sebahagian besar daripada karya tersebut telah hilang dan tidak sampai kepada kita hari ini.

Risalah al-Kindi tentang *Rawatan Penyakit Kemurungan (Risalah fi al-Hila li-Daf al-Ahzan)*, yang menjadi fokus kertas kerja ini, merupakan satu-satunya sahaja karya al-Kindi dalam bidang pemikiran akhlak dan kaunseling yang masih selamat dan sampai kepada kita hari ini. Risalah ini meneliti tema "kemurungan" atau "kesedihan yang amat sangat" sebagai salah satu jenis penyakit jiwa yang memerlukan kepada rawatan rohani, psikoterafi, psikiatri ataupun kaunseling. Antara aspek penting yang terkandung dalam risalah ini termasuk definisi kemurungan, sebab-sebab berlaku kemurungan serta cara-cara untuk mencegah dan merawat penyakit jiwa tersebut.

2.6.3.2   Punca Kemurungan

Menurut al-Kindi (1978, II: 15-26), setiap penyakit pasti ada sebab ataupun punca yang menyebabkan ia terjadi. Penyakit yang tidak dapat dikesan puncanya, sudah tentu ia tidak akan dapat diubati. Oleh itu, tugas utama perawat, kaunselor ataupun psikiatris adalah untuk mengesan punca kepada sesuatu penyakit dan kemudian mencadangkan jenis-jenis rawatan yang sesuai mengikut sifat tabii penyakit tersebut.

Kemurungan, menurut al-Kindi (1978: 874), berpunca daripada kegagalan seseorang untuk mencapai sesuatu yang sangat dihajati dalam hidupnya. Ini sudah tentu akan menyebabkan seseorang mengalami tekanan dan kemurungan kerana kehendak manusia tidak terbatas, sedangkan manusia tidak mampu untuk memenuhi semua kehendak tersebut.

Penyakit kemurugan juga boleh berlaku disebabkan oleh faktor kerosakan, kebinasaan, kematian ataupun kehilangan sesuatu yang sangat disayangi oleh seseorang. Ini sudah tentu akan menyebabkan seseorang mengalami tekanan dan penderitaan kerana manusia tidak berkuasa untuk mempertahankan semua perkara yang dimiliki seperti harta, orang yang dikasihi, wang ringgit dan sebagainya. Perkara-perkara tersebut sentiasa tertakluk kepada perubahan, kerosakkan, kehilangan, kematian, kebinasaan dan sebagainya.

Takut mati *(al-khawf min al-Mawt)* juga merupakan antara punca yang boleh menyebabkan seseorang menderita penyakit kemurungan. Kepada al-Kindi, takut mati perlu dihindarkan kerana mati merupakan proses kesempurnaan kejadian manusia itu sendiri. Oleh itu, manusia tidak perlu takut kepada sesuatu yang sudah menjadi tabii dan pasti akan berlaku.

2.6.3.3   Teknik Merawat Penyakit Kemurungan

Secara umumnya, risalah al-Kindi tersebut mencadangkan dua cara penting untuk merawat penyakit kemurungan iaitu pertama, dengan cara mengelak ataupun mencegah penyakit tersebut daripada menyerang seseorang; dan kedua, dengan cara mengubati penyakit tersebut jika ia sudahpun menyerang seseorang. Berhubung dengan metod yang pertama, iaitu mencegah kemurungan, al-Kindi menyarankan supaya seseorang dapat mengawal diri dengan cara membataskan keinginan mereka kepada perkara-perkara yang perlu, tidak mudah binasa dan perkara-perkara yang tidak mustahil untuk diperolehi. Cara ini sudah tentu akan dapat mencegah seseorang daripada penyakit kemurungan sama ada disebabkan oleh kehilangan sesuatu yang sangat disayangi, ataupun oleh kegagalan seseorang untuk memperolehi sesuatu yang sangat dicita-citakan.

Seseorang juga perlu mengesan sebab-sebab kenapakah penyakit kemurungan itu berlaku kepada dirinya. Sekiranya ia berpunca daripada diri sendiri, maka seseorang perlu membendungnya seperti dengan cara mengawal nafsu marah dan syahwatnya, agar hidup seseorang tidak dibelenggu oleh kekuatan-kekuatan tersebut. Dan sekiranya kemurungan disebabkan oleh faktor-faktor diluar kawalan seseorang, seperti kematian, bencana alam, kemalangan dan sebagainya, maka seseorang perlu belajar menerima kenyataan bahawa semua perkara yang wujud di alam fana ini, termasuk diri mereka sendiri, tertakluk kepada perubahan, kerosakan, kehilangan, kematian dan sebagainya.

Berhubung dengan metode rawatan penyakit kemurungan pula, al-Kindi (Miskawayh 1968:194-196), menegaskan bahawa kemurungan bukan penyakit semulajadi yang dihidapi oleh manusia. Ia merupakan penyakit luaran yang bukan tabii tetapi sengaja dibebankan oleh seseorang ke atas dirinya sendiri. Oleh itu, setiap manusia berpotensi untuk membebaskan diri mereka daripada kemurungan melalui langkah-langkah berikut:

1. Mereka perlu menerima hakikat bahawa banyak lagi manusia lain yang gagal untuk memiliki sesuatu yang sangat dihajati oleh mereka, tetapi mereka tetap hidup bahagia dan tidak berdukacita.

2. Mereka juga perlu insaf bahawa orang lain juga kehilangan harta benda, wang ringgit, ibu bapa, anak pinak, saudara mara, pangkat, kedudukan dan sebagainya tetapi mereka tetap juga hidup dengan aman dan bahagia.

3. Mereka juga perlu insaf bahawa harta, wang ringgit, pangkat, status sosial dan sebagainya tidak akan kekal buat selamanya, tetapi tertakluk kepada perubahan, kehilangan, kerosakan dan sebagainya.

Oleh itu, manusia tidak sepatutnya bermurung andainya kelebihan-kelebihan tersebut luput daripada diri mereka, kerana bukan hak mereka yang mutlak, tetapi hak Allah yang diberi dalam bentuk pinjaman sahaja. Kiranya manusia tidak dapat menerima hakikat ini dan masih bermurung disebabkan kegagalan untuk mendapatkan sesuatu ataupun kehilangan sesuatu, maka mengikut al-Kindi, mereka bolehlah diibaratkan sebagai orang yang telah hilang akal yang rasional ataupun sudah menjadi gila. Mereka dilabel demikian kerana gagal menerima kenyataan hidup serta bermimpikan perkara-perkara yang mustahil, bukan nyata. Inilah sifat orang yang tamak dan dengki lantaran dia ingin memonopoli semua kelebihan Allah di dunia ini tanpa mahu berkongsi dengan orang lain. Penyakit dengki adalah seburuk-buruk penyakit hati dan sejahat-sejahat akhlak manusia. Untuk ini al-Kindi (Miskawayh 1966:219-222) memetik pendapat para failasuf seperti berikut :

"Sesiapa yang inginkan kejahatan menimpa musuh sebenarnya mereka adalah pencinta kejahatan, dan pencinta kejahatan adalah penjenayah. Lebih jahat lagi dari itu, adalah golongan yang inginkan kejahatan menimpa orang yang tidak bermusuh dengan mereka. Dan golongan yang paling jahat adalah orang yang berusaha menjauhkan kebaikan daripada kawan mereka sendiri. Manusia jenis ini sebenarnya inginkan kejahatan menimpa kawan-kawan mereka".

Penyakit dengki boleh menyebabkan manusia menderita kemurungan di atas kebaikan yang diperolehi oleh orang yang mereka dengki. Pendengki akan berusaha keras supaya kebaikan tersebut luput sekalipun beliau sendiri tidak mendapat apa-apa faedah daripada tindakan tersebut.

Bagi al-Kindi, penyakit dengki boleh dirawati misalnya dengan menyedarkan seseorang bahawa harta dan status merupakan amanah Allah yang dikurniakan kepada hamba-hambaNya yang terpilih. Oleh itu, ia menjadi hak mutlak Allah sama ada untuk mengekal, menambah atau menarik balik amanah tersebut pada bila-bila masa ataupun melalui sesiapa sahaja yang Allah kehendaki. Justeru itu, bukan merupakan suatu keaiban untuk memulangkan amanah kepada si pemiliknya, tetapi adalah sangat memalukan jika terdapat orang yang bermurung akibat memulangkan sesuatu yang diamanahkan kepadanya. Orang seperti ini tidak bersyukur kepada orang yang telah memberi amanah kepadanya. Sepatutnya dia bersyukur dan berterima kasih kerana masih ramai lagi manusia lain yang tidak diberi peluang seperti beliau.

4.   Kemurungan juga boleh dirawat dengan cara mengubah paradigma berfikir dan objek kemahuan seseorang ke arah kekayaan yang kekal dan sebenar, bukan kekayaan material yang sentiasa tertakluk kepada perubahan dan kerosakan seperti harta, wang ringgit dan sebagainya. Kekayaan sebenar menurut takrif al-Kindi, adalah kekayaan yang mampu digarap oleh minda, intelek ataupun rohani manusia seperti ilmu pengetahuan, hikmah, berani, adil, warak, amanah, rajin, bertanggungjawab dan sebagainya. Kekayaan rohani tersebut bersifat hakiki dan abadi dan ia merupakan anugerah Allah yang tidak akan ditarik balik daripada seseorang. Dalam konteks ini, tokoh failasuf Greek terkenal, Socrates, dijadikan

model ikutan sebagai tokoh yang tidak pernah berdukacita lantaran beliau hanya memiliki kebaikan rohaniah yang kekal, dan tidak mememiliki sesuatu apapun di dunia fana ini, yang akibat kehilangannya, boleh menyebabkan dia berdukacita.

5.   Teknik lain untuk mengubati penyakit kemurungan menurut teori kaunseling al-Kindi adalah dengan mengingati kemurungan masa lampau yang telah dapat kita ubati, ataupun kemurungan orang lain yang telah berjaya dirawat. Dalam konteks ini, al-Kindi merujuk kepada kisah *Alexander the Great* yang telah berjaya mencegah ibunya daripada bermurung di atas kematian beliau, dan sekaligus menyedarkan ibunya bahawa manusia tidak mampu untuk merubah undang-undang Allah.

Antara lain kisah tersebut menceritakan bahawa *Alexander* menulis surat wasiat kepada ibunya yang tercinta memohon pertolongannya supaya menjemput rakyat jelata dari seluruh tanah jajahan beliau seperti Afrika, Eropah dan Asia supaya menghadiri majlis pengebumian beliau, sekiranya beliau meninggal dunia. Walau bagaimanapun, Alexander memohon supaya ibunya menulis dalam surat-surat jemputan ke majlis tersebut bahawa orang-orang yang tidak pernah berdukacita dan bermurung sahaja yang dijemput. Setelah Alexander meninggal dunia, ibunya telah meminta pembesar-pembesar negara melaksanakan wasiat Alexander.

Pada majlis pengebumian tersebut, ibu *Alexander* sangat sedih dan pilu kerana tidak seorang jemputan pun menghadiri majlis tersebut. Lalu beliau berkata: "Kenapakah sampai hati manusia tidak memberi respons kepada jemputan kita?" Lalu beliau dijawab: "Tuanku hanya menjemput orang-orang yang tidak pernah bermurung sahaja, dan disebabkan golongan ini tidak pernah wujud, bagaimanakah mereka boleh menyertai majlis ini". Lalu ibu *Alexander* menjawab: " Oh *Alexander*! betapa sesuainya pengakhiran dan permulaan kamu, apa yang kamu mahu, dengan cara yang cukup sopan, ialah untuk mengubat hatiku daripada kemurungan akibat kematian kamu; dengan membuat aku sedar bahawa aku bukanlah wanita pertama yang mengalami kesedihan seperti ini, dan sebagaimana manusia lain, aku juga tidak terkecuali daripada mengalami kesedihan".

2.7   Kerangka Teori

Secara mudah, teori adalah sesuatu yang menjelaskan fakta. Tanpa teori, data tidak boleh diinterpretasi. Teori memberi makna terhadap fakta yang dikumpul. Teori membolehkan kita menghubung kait antara satu fakta dengan satu fakta yang lain. Misalnya bayi menangis, kita boleh bayangkan mungkin dia lapar atau mahu ibunya mendukungnya. Kemungkinan juga dia rimas atau kurang gembira.

Teori juga bersifat praktikal. Selain itu, teori juga amat berguna untuk membentuk soalan-soalan yang tepat untuk mengkaji tingkah laku manusia. Teori tidak boleh dianggap salah atau betul sebaliknya berguna ataupun tidak. Teori yang baik adalah mudah difahami dan berupaya membuat ramalan tentang satu-satu fenomena. Teori yang baik boleh diuji secara empirikal dengan ujikaji tertentu. Teori yang baik juga dapat menjelaskan dan menerangkan perkembangan kanak-kanak sekarang dan berupaya meramal kejadian-kejadian dan tingkah laku-tingkah laku kanak-kanak pada masa yang akan datang. Teori yang baik mestilah bersifat merangkumi semua aspek. Tiada teori yang dapat menjelaskan kesemua perkembangan kanak-kanak tetapi satu-satu teori yang baik mestilah dapat menjawab seberapa persoalan yang boleh. (Mohd Sharani Ahmad, Zainal Madon & Mohamad Ibrani Shahrimin Adam Assim, 2003:62).

Sesuatu teori itu dikatakan baik apabila:
1. Menjelaskan fakta-fakta dengan tepat.
2. Mudah difahami
3. Berguna untuk membuat ramalan masa hadapan dan memperjelaskan perkara-perkara yang sudah lepas.
4. Bersifat konsisten.
5. Boleh diterapkan secara praktikal.
6. Tidak berasaskan banyak andaian (kepercayaan-kepercayaan yang tidak dapat dibuktikan).
   (Mohd Sharani Ahmad, Zainal Madon & Mohamad Ibrani Shahrimin Adam Assim, 2003:62).

2.7.1 Model Teori Aktiviti

Teori Aktiviti ini adalah antara Teori penuaan yang berjaya.

John W Santrock (2008:576) menukil bahawa teori ini menyatakan bahawa semakin aktif dan terlibat orang tua itu, semakin mereka akan merasa puas dalam kehidupan mereka. Para pengkaji mendapat sokongan yang kuat untuk teori ini, mulai tahun 1960an dan seterusnya pada abad dua puluhan ini. Satu kajian jangka masa panjang mendapati aktiviti yang lebih secara menyeluruh (yang melibatkan aktiviti-aktiviti sosial seperti menziarahi sauadara mara atau rakan karib, aktiviti yang dilakukan sendiri seperti hobi dan aktiviti-aktiviti produktif seperti kerja sukarela dan berkebun) pada permulaan kajian ada hubungan dengan dengan lebih kegembiraan, fungsi fizikal dan pemikiran yang lebih baik dan mengurangkan kematian sehingga 6 tahun kemudian. Kesimpulannya bahawa apabila seorang tua menjadi aktif, bertenaga dan produktif, mereka akan menua dengan lebih berjaya dan lebih gembira daripada jika mereka menarik diri daripada masyarakat.

Teori ini menyatakan bahawa mereka yang melalui proses ini mengekalkan minat, aktiviti dan perhubungan sosial di tahap yang sama semasa mereka berada di tahap dewasa pertengahan. Apa yang mereka buat pada umur yang lebih muda diteruskan sehingga hari tua. Bila mereka mengalami kehilangan aktiviti seperti pekerjaan kerana bersara, golongan ini akan mencari benda lain yang mereka boleh buat. Memandangkan tidak semua aktiviti adalah sesuai untuk semua orang, golongan dewasa akhir mempunyai kelebihan untuk melepaskan aktiviti-aktiviti yang tidak sesuai.

Menurut David O Moberg (2001, 34-35) kerohanian dan keagamaan telah dilupakan di dalam teori penuaan, tetapi pengembangannya yang cepat pasti akan menamatkan kecuaian ini. Analisa tentang hubungan interaktif dan timbalbalik setiap teori penuaan dengan kerohanian seseorang semasa usia lanjut akan menjadi pembangunan yang paling penting ini. Kedua-dua kajian kualitatif dan kuantitatif terhadap peranan agama dalam kesihatan, kepuasaan hidup, kesihatan psikologi, dan keseluruhan kendiri, kerohanian dan keagamaan menyemarakkan semua domain kehidupan manusia. Oleh itu mereka seharusnya diiktiraf dengan sewajarnya dalam semua bidang teori penuaan dan teori tambahannya antaranya....teori aktiviti ini.

2.7.2 Model Teori Emosi

Teori ini mula diperkenalkan oleh Willian James dan Carl Lange pada tahun 1887 dan dikenali sebagai teori James Lange (Coon, 1983). Teori ini mengatakan bahawa perkara luaran yang merangsangkan seseorang akan merangsangkan organ visera dalam badan dan kemudian mengakibatkan terkumpulnya pengalaman emosi atau perubahan pada perasaan. Secara ringkas, ini bermakna seseorang itu berasa sedih sebab dia menangis dan mengeluarkan air mata manakala berasa takut sebab jantungnya berdebar-debar. Teori ini telah dicabar oleh ramai ahli sains seperti Cannon dan lain-lain lagi. Teori yang digunakan kini adalah teori emosi kognitif oleh Schachter (1962) di mana proses kognitif di ambil kira. Perasaan dan emosi berlaku secara umum.

Misalnya apabila seseorang itu terangsang dalam apa jua keadaan, seseorang itu akan memberi interpretasi terhadap perasannya pada ketika itu. Sekiranya orang itu sergah dari belakang, badan orang itu akan terangsang secara spontan seperti jantung berdebar, tapak tangan berpeluh, tidak kira siapa yang memeranjatkannya. Sekiranya didapati orang yang memeranjatkannya tidak dikenali orang itu akan mentafsir perasaan dan rangsangan badan sebagai perasaan takut. Manakala jika didapati orang yang memeranjatkannya adalah orang yang dikenali, rangsangan badan ditafsirkan sebagai keriangan dan perasaan suka. Label dan interpretasi seperti marah, takut dan gembira yang diberi kepada rangsangan badan didapati banyak dipengaruhi oleh pengalaman terdahulu, keadaan semasa dan reaksi daripada orang lain. (Ma'rof & Haslinda, 2002:173-174)

2.7.3 Model Pengurangan Dorongan

Teori Pengurangan Dorongan

Teori pengurangan-dorongan juga dikenali sebagai teori dorongan, yang dipopularkan oleh Clark-Hull. Teori ini begitu popular di sekitar tahun 1940-an hingga tahun 1950-an. Menurut Hull, kesemua organisma hidup mempunyai keperluan biologikal yang perlu dipenuhi demi untuk terus langsung. Sesuatu keperluan mampu mewujudkan ketegangan dalaman atau apa yang dinamakan sebagai dorongan, dan kita adalah bermotivasi untuk mengurangkannya. (Lihat rajah 2.3)

Sebagai contoh, apabila kita kekurangan makanan (tidak makan), maka keperluan biologikal ini menyebabkan satu keadaan ketegangan, dalam kes ini ialah lapar. Dengan demikian kita bermotivasi untuk mencari makanan dengan tujuan mengurangkan dorongan makan dan juga untuk memuaskan keperluan biologikal. Teori pengurangan dorongan adalah diambil sebahagian besar daripada konsep biologikal homeostasis iaitu satu kecenderungan tubuh badan kita mengekalkan keseimbangan, keadaan dalaman demi memastikan kelangsungan fizikal. Suhu badan, gula darah, keseimbangan air, oksigen yang diperlukan untuk kelangsungan fizikal, perlulah dalam keadaan seimbang. Apabila keadaan ini terganggu, satu dorongan terbentuk dengan tujuan untuk kembali kepada keseimbangan. (Ma'rof & Haslinda, 2002:162)

Rajah 2.3: Teori Pengurangan Dorongan

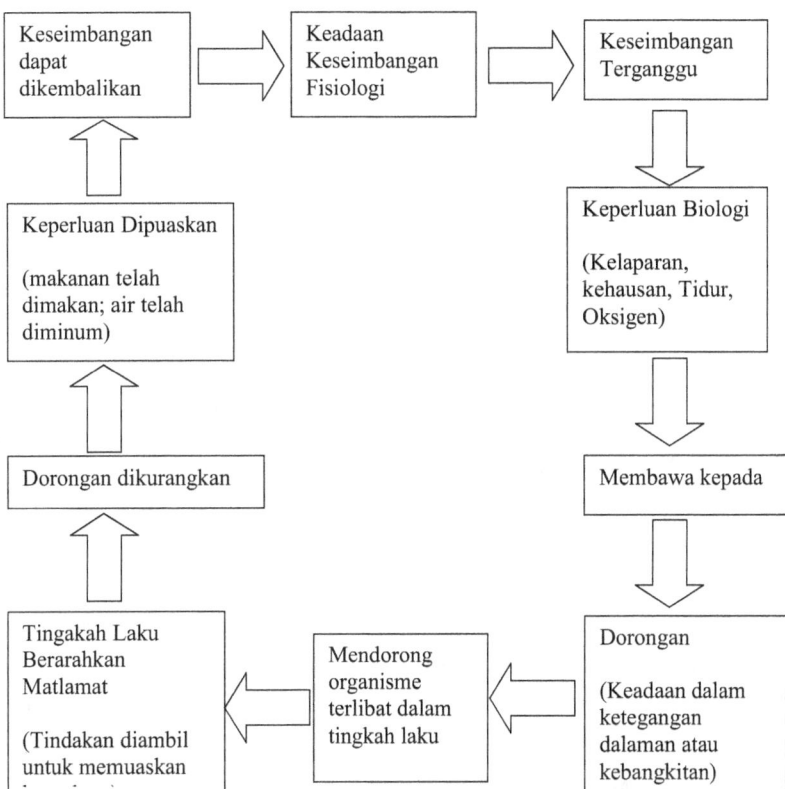

2.9   Rumusan

Bab ini pengkaji membincangkan dengan panjang lebar mengenai sorotan daripada kemurungan, tahap-tahapnya dan kesan emosi terhadap warga tua yang murung. Pengkaji juga membentangkan dapatan kajian lepas yang dilakukan oleh pengkaji-pengkaji yang terdahulu yang merangkumi kajian dari luar negara dan kajian dari dalam negara. Pengkaji juga turut membincangkan mengenai teori dan model yang berkaitan dengan kemurungan dan emosi antaranya seperti Pendekatan terapi Kognitif dan Teori Penuaan seperti teori Aktiviti dan lain-lain lagi.

BAB III

METODOLOGI KAJIAN

3.1   Pengenalan

Manusia melaksanakan penyelidikan untuk menyelesaikan masalah, meramal kejadian akan datang dan mencari kebenaran tentang sesuatu peristiwa atau objek (Mohd Najib, 2003:21). Metodologi kajian adalah proses penting dan merupakan sebahagian daripada proses kajian yang melibatkan perlaksanaan iaitu kaedah mendapatkan jawapan persoalan daripada responden. Mohd Najib (2003:98-99) menyatakan metodologi kajian adalah salah satu tatacara kajian yang teratur yang digunakan oleh pengkaji bagi mentadbir data dan instrumen, meluaskan dan meneroka ilmu pengetahuan baru. Metodologi kajian juga membantu penyelidikan untuk membentuk dan menganalisis statistik kajian dengan betul dan teratur bagi menentukan keputusan fenomena yang dikaji.

Bab ini menerangkan mengenai metodologi yang akan digunakan dalam kajian ini. Perbincangan meliputi rekabentuk kajian, proses penyelidikan, tempat kajian, populasi dan persampelan, instrumen kajian, kaedah pengumpulan data, jangkamasa, batasan kajian, kajian rintis dan analisis data. Perbincangan dalam bab ini akan membantu dalam memudahkan urusan serta memenuhi keperluan pihak yang terlibat dengan pengurusan warga tua, tidak lupa juga sebagai maklum-balas untuk proses penyelidikan selanjutnya.

3.2   Rekabentuk Kajian

Kajian yang dilaksanakan merupakan kajian kuantitatif dan kualitatif yang berbentuk deskriptif dengan menggunakan kaedah soal selidik yang merupakan inventori Zung yang telah diketahui kebolehpercayaan (realibility) dan keesahan (*validity*)nya. Dengan menggunakan kaedah ini pengkaji percaya ia merupakan kaedah yang paling berkesan untuk mendapatkan jawapan *(input)* berkaitan. Kaedah temubual yang merupakan kajian kualitatif juga akan digunakan memandangkan, pengkaji akan bertemu dengan setiap responden yang menjadi sampel untuk menjawab soal selidik inventori Zung sambil bertemu bual dengan mereka setelah dapatan analisis terhasil.

Reka bentuk sesuatu kajian adalah teknik dan kaedah tertentu yang digunakan untuk memperoleh maklumat yang diperlukan bagi menyelesaikan sesuatu masalah (Faizah, 2006). Ia juga merupakan kaedah bagi membolehkan maklumat diperolehi untuk menjawab masalah kajian yang dibina. Reka bentuk kajian adalah sebagai keseluruhan rangkakerja penyelidikan bagi menjawab dan mencapai objektif kajian (Baharin, Othman, Syed Mohd Shafeq dan Haliza (2007) dalam Norahidah binti Zainal Abidin (2009)). Reka bentuk kajian ini adalah seperti di rajah 3.1.

Menurut Mohamad Najib Abdul Ghafar (1999: 123), kajian deskriptif adalah bertujuan untuk menerangkan keadaan atau perhubungan antara pembolehubah. Kajian deskriptif dapat menerangkan keadaan sebenar yang berlaku dalam kumpulan yang dikaji, menerangkan hubungkait antara faktor-faktor yang mempengaruhi pembelajaran dan memberi kesimpulan yang lebih tepat mengenai permasalahan dalam kumpulan yang dikaji. Manakala menurut Mohd Majid Konteng (2005: 96) pula, kajian deskriptif merupakan satu kajian yang bermatlamat untuk menerangkan sesuatu fenomena yang sedang berlaku.

3.3   Proses Penyelidikan

Berdasarkan kepada rajah 3.1, langkah pertama dalam proses penyelidikan ialah mengenal pasti masalah kajian. Idea ini mungkin datang daripada pembacaan abstrak-abstrak luar negara tentang kajian-kajian yang telah dilakukan oleh pengkaji lain pada masa lepas. Setelah mengenalpasti masalah kajian melalui pembacaan literasi kajian, pengkaji telah melakukan pemilihan topik kajian yang dirasakan releven untuk melaksanakan kajian.

Selanjutnya setelah pemilihan topik dilakukan, pengkaji telah mengeluarkan satu reka bentuk kajian yang sesuai dengan objektif dan fokus kajian. Sebelum pengkaji mempertimbangkan populasi yang ingin diambil sebagai subjek penyelidikan, pengkaji telah pergi melawat tempat kajian pada 4 Februari 2010. Pengkaji telah bertemu dengan Superitenden Rumah Tumpangan tersebut, Encik Mohammed Shariff bin Mohammed Yatim. Pengkaji telah menyerahkan surat sokongan daripada pihak UTM dengan tanda tangan Penyelia kajian pengkaji, Prof Dr Mohamed Sharif bin Mustaffa. Pengkaji telah diberi penerangan ringkas tentang rumah tumpangan tersebut dan kemudian di bawa melihat premis rumah dan kedudukan penghuni serta bersalaman dengan sebahagian penghuni di situ. Seterusnya berkenalan dengan staf sokongan di pejabat Administrasi rumah tersebut.

Kemudian pengkaji telah melawat tempat kajian sekali lagi pada 13 Februari 2010 untuk mengumpul data. Pengkaji telah ditemukan dengan puan Aida bagi mendapatkan data yang diperlukan dan membuat kajian rintis pada keesokannya. Oleh kerana tumpuan kajian hanya warga tua yang beragama Islam, maka pengkaji telah menetapkan jumlah 81 orang Islam yang ada di rumah tersebut sebagai populasi daripada jumlah asal 168 penduduk berbagai bangsa dan agama. Juga adalah mustahil bagi pengkaji memilih seluruh populasi sebagai responden kajian ini. Setelah menentukan sampel kajian, pengkaji telah memilih kaedah kuantitatif dan juga kaedah kualitatif dengan teknik temubual untuk melaksanakan pengumpulan data. Berikut adalah rajah proses penyelidikan bagi kajian ini:

Rajah 3.1: Proses Penyelidikan

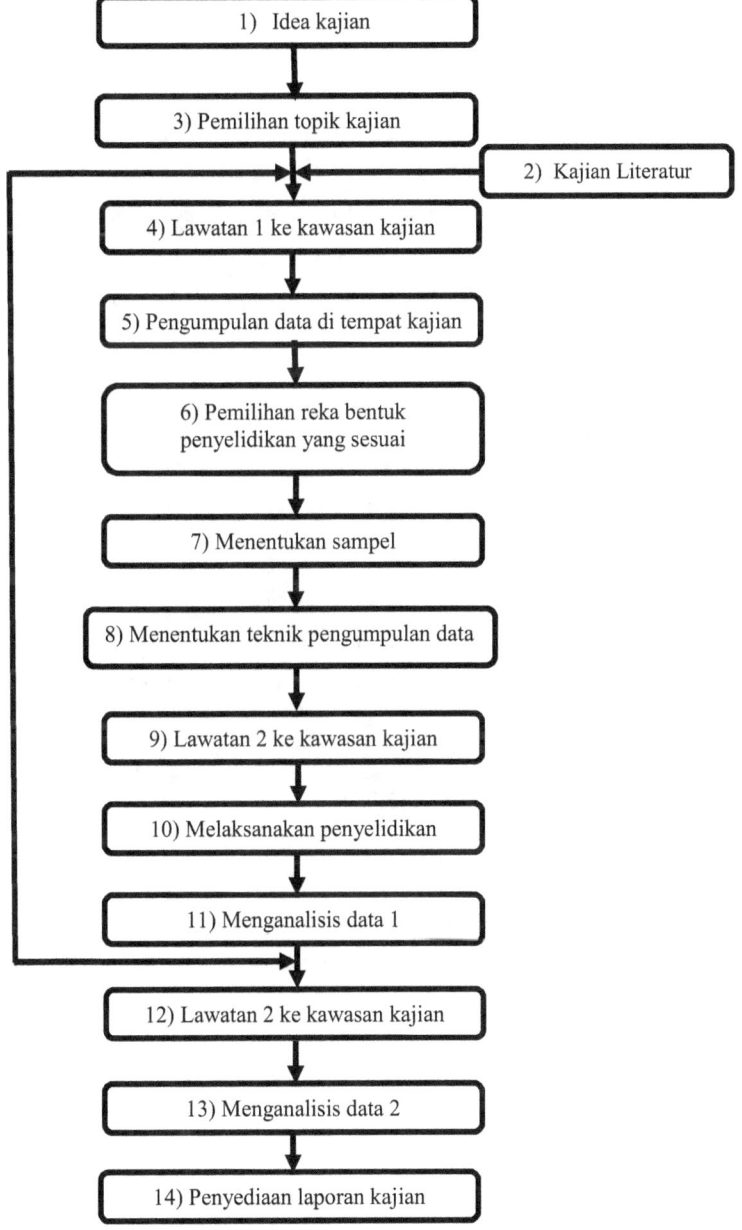

Pengkaji akan membaca dan menilai setiap data-data kuantitatif daripada soal selidik inventori Zung yang telah diperolehi dan juga data hasil temubual untuk melihat kesan kemurungan terhadap emosi tersebut untuk melaksanakan analisis. Seterusnya setelah sesi perjumpaan itu dilakukan, pengkaji akan menyediakan laporan dapatan tersebut. Tujuan laporan analisis data itu disediakan untuk memudahkan pengkaji bagi meneliti semula segala maklumat yang diperolehi dan dengan itu dapat menentukan sama ada maklumat yang diperolehi itu releven ataupun tidak untuk digunakan dalam penulisan laporan akhir. Langkah kajian hendaklah disediakan oleh pengkaji untuk melaporkan dapatan kajian, perbincangan tentang dapatan kajian, permasalahan dan cadangan tentang kajian.

3.4   Tempat Kajian

Rumah Warga Tua Darul Takrim yang dikendalikan oleh Persekutuan Seruan Islam Singapura (Jamiyah) di bawah Kementerian Pembangunan Masyarakat, Belia dan Sukan Singapura, di No 1   Tampines Avenue 3, Sinapura 529707, menjadi tempat kajian kerana berdekatan dengan tempat kediaman pengkaji

3.5   Populasi dan Sampel Kajian

Oleh kerana tumpuan kajian ini hanya untuk mereka yang beragama Islam, maka seramai 81 orang beragama Islam sahaja daripada 168 penduduk di rumah tumpangan tersebut yang akan dijadikan sebagai populasi.

Dalam kajian ini, pengkaji akan menggunakan kaedah persampelan rawak mudah kelompok atas kelompok (*cluster*), di mana seramai 26 warga tua sebagai sampel daripada populasi 81 warga tua Islam akan terlibat dalam pengambilan data mentah mewakili populasi. Jumlah ini adalah lebih 30 peratus daripada keseluruhan populasi dalam kajian.. Ini adalah berdasarkan kepada pandangan Mohd Najib Abdul Ghafar dalam bukunya Kaedah Penyelidikan (1999:38) iaitu jumlah minimum bagi penyelidikan adalah 30% daripada jumlah populasi.

Saiz sampel adalah penting kerana ia melambangkan kekuatan keputusan kajian nanti. Lebih besar sampel, lebih mantap kajian kerana dapat mengurangkan kesilapan keputusan. Ini berkait rapat dengan masalah kebarangkalian atau kemungkinan berlakunya fenomena berdasarkan bilangan. Membesarkan saiz sampel boleh meninggikan kesahan dan kebolehpercayaan skor. (Mohamad Najib Abdul Ghafar.1999:152)

Jadual 3.1 adalah merujuk kepada taburan sampel.

Jadual 3.1 : Taburan Sampel

1) Bangsa	Penduduk Islam Sahaja								Jumlah
	Melayu		Cina		India		Lain-lain		
Jumlah	63		4		14		0		81
2) Jantina	L	P	L	P	L	P	L	P	Jumlah
Jumlah	42	21	1	3	11	3	0	0	81

3) Umur	Penduduk Islam Sahaja						Jumlah
	49 ke Bawah		Antara 50-60		61 dan lebih		
	L	P	L	P	L	P	
Jumlah	2	8	4	5	42	20	81

4) Pemilihan Sampel Akhir:

Jantina	L	P	L	P	L	P	Jumlah
Jumlah sampel	0	0	3	2	16	5	26

*L= Lelaki ; P = Perempuan

Oleh kerana umur warga tua yang dikehendaki adalah 50 tahun ke atas, maka daripada jadual di atas, terdapat 26 warga tua terdiri daripada lelaki dan perempuan yang menjadi sampel kajian.

3.6   Instrumen Kajian

Bagi mendapatkan data kuatitatif, soal selidik menjadi alat atau instrumen yang digunakan untuk mengukur tingkah laku responden (Mohd Najib, 2003). Penggunaan borang soal selidik lebih sesuai dan praktikal, tambahan pula borang soal selidik ini berkesan dan menjimatkan perbelanjaan. Ia juga dapat mengelakkan 'bias' kepada pihak pengkaji serta memberi peluang kepada responden untuk berfikir. Untuk kajian ini, inventori Skala Kemurungan Anggaran Sendiri Zung akan digunakan

Bagi mendapatkan data kualitatif, pengkaji telah menggunakan temubual sebagai instrumen. Temubual separa struktur dipilih dalam kajian ini kerana dalam temu bual ini responden kajian boleh menyatakan perasaan mereka. Pendapat tambahan mereka yang tidak disenaraikan dalam soalan kajian dan perasaan yang diluahkan oleh responden dapat membantu pengkaji memahami motif sebenar mengapa responden tersebut bertindak sedemikian. (Chua Yan Piaw, 2006:117)

3.6.1   Inventori Skala Kemurungan Anggaran Sendiri Zung (Zung Depression Self-Rating Scale) akan digunakan

Inventori Skala Kemurungan Anggaran Sendiri Zung dilakarkan oleh psikiatris dari *Duke University* Dr William W K Zung untuk menilai tahap kemurungan pesakit yang di diagnosis mempunyai kecelaruan kemurungan (*depression disorder*)

Banyak data dan pengalaman menggunakan Skala Kemurungan Anggaran Sendiri Zung atau SDS terdapat dalam kajian-kajian melebihi satu-satu penilaian tentang kemurungan di Amerika Syarikat begitu juga di negara-negara lain (Zung 1965). Ia merupakan antara skala yang sering diguna pakai untuk ujian kemurungan penduduk muda begitu juga yang tua, sehingga ia menjadi popular (Hovaguiman, 1986). Skala Kemurungan Anggaran Sendiri Zung telah dimuat turun dengan izin serta bayaran khas US15 dolar daripada www.archgenpsychiatry.com, pada March 13, 2010 dan dibenarkan untuk kegunaan kajian ini sahaja.

Zung SDS dibina untuk mengkategorikan psikopatologi kemurungan dalam 3 kategori yang bersesuaian dengan ketetapan definisi operasi bagi *American Psychiatric Association* (1980), DSM III. Subskalanya termasuk:

(a) Emosi yang menembus (*Pervasive Affect*),

(b) Pertimbangan Fisiologi (*Physiological Equivalents*) mengenai gangguan somatik

(c) Gangguan Psikologi (*Psychological equivalents*) yang merujuk kepada hasutan, kekeliruan dan pertimbangan idea..

3.6.2 Pemarkahan

Inventori Skala Kemurungan Anggaran Sendiri Zung ini ialah sebuah kaji-selidik pendek yang mudah diawasi untuk memberi markah (*quantify*) status kemurungan seseorang pesakit.

SDS mempunyai 20 item di atas skala yang menetapkan tiga ciri-ciri/tahap kemurungan: Emosi yang menembus *(Pervasive Affect)*, Pertimbangan Fisiologi (*physiological equivalents*), Pertimbangan Psikologi (*psycological equivalents*) seperti aktiviti psikomotor dan lain-lain gangguan yang ideasional yang melibatkan konsep atau idea. Ada sepuluh soalan kenyataan positif dan sepuluh soalan kenyataan negatif. Setiap soalan memberi markah di atas skala 1 hingga 4 berdasarkan jawapan : "Jarang-jarang", "Kadang kala", "Kerap" dan "Sentiasa".

Berikut adalah contoh pemarkahan inventori Zung dalam jadual 3.2:

Jadual 3.2   Jadual bagi pemarkahan inventori Zung sebagai contoh:

Tandakan (✓) pada ruang yang sesuai	Jarang-jarang	Kadang-kala	Kerap	Sentiasa
1 Saya rasa duka dan tidak keruan.	1	2	3	4
2 Pagi masa saya yang terbaik.	4	3	2	1
3 Saya dihantui rasa ingin menangis.	1	2	3	4
4 Saya mengalami masalah tidur di malam hari.	1	2	3	4
5 Saya makan dengan banyak.	4	3	2	1
6 Saya gemar melakukan hubungan seks.	4	3	2	1
7 Saya merasai pengurungan berat badan.	1	2	3	4
8 Saya menghadapi masalah sembelit.	1	2	3	4
9 Hati saya berdegup dengan cepat .	1	2	3	4
10 Saya lelah tanpa alasan.	1	2	3	4
11 Fikiran saya tenang seperti dahulu.	4	3	2	1
12 Saya berasa mudah untuk melakukan perkara seperti dahulu.	4	3	2	1
13 Saya berasa tidak tenang dan tidak boleh berdiam diri.	1	2	3	4
14 Saya berasa penuh harapan pada masa hadapan.	4	3	2	1
15 Saya mudah tersinggung daripada biasa.	1	2	3	4
16 Saya mudah untuk membuat keputusan.	4	3	2	1
17 Saya rasa bahawa saya berguna dan diperlukan	4	3	2	1
18 Saya hidup penuh keceriaan.	4	3	2	1
19 Saya rasa adalah lebih baik jika saya meninggal dunia.	1	2	3	4
20 Saya gemar melakukan tabiat yang sama.	4	3	2	1
Data Mentah	50	50	50	50
Jumlah markah mentah				

Untuk dapatkan Jumlah Index SDS perkiraan adalah seperti berikut:

Jumlah Index SDS =	Jumlah markah mentah x 100 / Jumlah markah maksimum iaitu 80	= _____

Item-itemnya perlu dijumlahkan untuk menjadikan skor mentah dengan jarak antara 20 hingga 80 markah. Zung telah membina jadual penukaran (*conversion table*) yang menukar skor mentah itu ke skor biasa yang dinamakan Indeks SDS.

Indeks SDS jaraknya dari 25 hingga 100 dan diperolehi dengan di bagi jumlah dari skor mentah dengan skor dapatan hingga skor 80, kemudian di tukar menjadi perpuluhan (*decimal*) dan dikalikan dengan 100. Zung(1965) menguji 56 pesakit psikiatrik dengan SDS dan pembahagian jumlah kemurungan kepada beberapa kategori.. Tahap-tahap itu dibahagi ke Indeks SDS dalam empat jarak :

25-49	Biasa (Low)
50-59	Kemurungan Rendah (Mild-Moderate)
60-69	Kemurungan Sederhana (Moderate-Severe)
70 and lebih	Kemurungan Tinggi (Severe)

Dari jadual di atas yang mengandungi 20 item ini, skala Zung dibahagikan kepada tiga karekteristik/tahap kemurungan seperti dalam jadual 3.3 berikut:

Jadual 3.3 Contoh kategori karekteristik kemurungan dalam Inventori Zung:

Item		Kenyataan
I) Emosi yang menembus (*Pervasive Affect*)		
1		Saya rasa duka dan tidak keruan.
3		Saya dihantui rasa ingin menangis.
II) Pertimbangan fisiologi (*Physiological equivalents*)		
A	**Gangguan Berirama (*Rhythmatic Disturbances*)**	
	2	Pagi masa saya yang terbaik.
	4	Saya mengalami masalah tidur di malam hari.
B	**Lain-lain gangguan (*Other Disturbances*)**	
	5	Saya makan dengan banyak.
	7	Saya merasai pengurungan berat badan.
	6	Saya gemar melakukan hubungan seks.
	8	Saya menghadapi masalah sembelit.
	9	Hati saya berdegup dengan cepat .
	10	Saya lelah tanpa alasan.
III) Pertimbangan psikologi (*Psychological equivalents*)		
A	**Aktiviti psikomotor**	
	13	Saya berasa tidak tenang dan tidak boleh berdiam diri.
	12	Saya berasa mudah untuk melakukan perkara seperti dahulu.
B	**Ideasional / Perkara yang melibatkan konsep atau idea**	
	11	Fikiran saya tenang seperti dahulu.
	18	Saya hidup penuh keceriaan.
	14	Saya berasa penuh harapan pada masa hadapan.
	15	Saya mudah tersinggung daripada biasa.
	16	Saya mudah untuk membuat keputusan.
	20	Saya gemar melakukan tabiat yang sama.
	17	Saya rasa bahawa saya berguna dan diperlukan
	19	Saya rasa adalah lebih baik jika saya meninggal dunia.

3.6.3 Keesahan (*Validity*)

Zung SDS telah dibina untuk mengukur psikopatologi kemurungan yang bercelaru. Skalanya bersesuaian dengan definisi terbina tentang kecelaruan kemurungan *American Psychitric Association (1980), DSM III(edisi Ke-3).* Isinya telah dibandingkan dengan Skala Kemurungan Hamilton (Hamilton, 1960). Zung SDS juga serasi (*compatible*) dengan definisi kemurungan *U.S. Food and Drugs Administration's (1974)* untuk melaksanakan kajian klinikal ubat anti-kemurungan. SDS didapti korelasi dengan skala "D" ($\underline{r}$ = .70) dan skala "PT" dari Minnesota Multiphasic Personality Index dalam kumpulan 152 pesakit psikiatrik. SDS telah korelasi dengan set ke 2 daripada Depression Adjective Checklist (r = .51-.64).

3.6.4 Kebolehkepercayaan (*Reliability*)

Dapatan *split-half* korelasi untuk item genap dan ganjil ialah .73 untuk SDS Zung (1973). Jegede (1976) mendapati "coefficient alpha" iaitu indeks untuk mengukur konsisten dalaman kebolehkepercayaan *(Internal Consistent Reliability)* ialah *.79* dalam kumpuan pelajar di Nigeria, begitu juga mendapat koefisien alfa .75 dalam kajian kumpulan penagih di New York. Dalam kajian itu, Alpha Cronbachnya yang juga pengukuran konsisten dalaman kebolehkepercayaan, ialah .88 untuk SDS di kalangan orang tua yang bercerai.

3.6.5 Soal Selidik & Temubual

Sebanyak 10 soalan yang berkaitan latar belakang dan maklumat peribadi responden dibina. Di dalam bahagian A ini, maklumat hanya perlu ditanda dengan (✓).

Bahagian A ini mengandungi maklumat demografi responden sebanyak 10 item iaitu jantina, umur, bangsa, status perkahwinan, bilangan anak, tahap pendidikan, pekerjaan, tempoh menghuni Rumah Darul Takrim dan kecacatan. Sekiranya jawapan yang dikehendaki tidak tersenarai dalam bahagian ini, pengkaji akan menyatakan jawapan di bahagian yang telah disediakan. Item ke 10 ialah Agama telah ditetapkan sebagai Islam.

Pengkaji akan menandakan pilihan responden pada setiap ruang kenyataan yang disediakan memandangkan jika kelemahan/kecatatan didapati pada responden warga tua itu.

Bagi temubual, sebagaimana yang dinyatakan pada rekabentuk kajian, dijalankan selepas dapatan maklumat dan data soal selidek Zung dianalisis. Data telah dicatit dalam jadual temubual khas dan di lampirkan di akhir tesis ini

3.6.6 Kaedah Terjemahan Soal Selidik

Pengkaji telah menterjemahkan instrumen asal Inventori Skala Kemurungan Anggaran Sendiri Zung dalam Bahasa Inggeris ke Bahasa Melayu. Seterusnya, pengkaji juga telah menterjemahkan semula instrumen tersebut dari Bahasa Melayu ke bahasa Inggeris dan membandingkannya dengan instrumen dalam versi Bahasa Inggeris tersebut. Setelah itu, terjemahan tersebut telah disemak dan mendapat pengesahan daripada seorang pensyarah kanan, yang juga seorang kaunselor berlesen daripada Fakulti Pendidikan, UTM, tempat pengkaji belajar.

Dalam penterjemahan instrumen-instrumen kajian, beberapa perubahan kecil dilakukan oleh pengkaji bagi menyesuaikan item-item tertentu dengan keperluan latar belakang budaya negara ini.

3.7 Kajian Rintis

Pengkaji telah menjalankan kajian rintis yang bertujuan untuk menguji kesahan dan kebolehpercayaan item dalam soal selidik Inventori SDS Zung yang dipilih sebelum kajian sebenar dijalankan. Selain itu, kajian rintis juga digunakan untuk mengkaji masalah yang akan timbul semasa proses soal selidik dijalankan.

Menurut Mohamad Najib Abdul Ghafar (1999:186), kajian rintis ialah antara teknik yang biasa digunakan untuk menguji kesahan isi. Beliau juga (1999:126), mengatakan kajian rintis digunakan untuk menguji keobjektifan, kesahan dan kebolehkepercayaan alat. Menurut beliau juga (1999:82), pengkaji boleh berbincang dengan sampel kajian rintis tentang masalah yang mungkin ada tentang ujian, baik dari segi pernyataan soalan, bahasa, kaedah pentadbiran dan jangkamasa mengambil ujian. Saiz sampel untuk kajian rintis menurut beliau lagi, tidak perlu besar tetapi memadai untuk memenuhi tujuan perbincangan awal yang berkesan tentang ujian (6-9 orang). Menurut Mohd Majid Konting (2005:218) pula, melalui kajian rintis, kesesuaian dan ketepatan soalan serta format dalam soal selidik yang digunakan dapat dikenalpasti. Kelemahan-kelemahan yang kecil meskipun remeh-temeh perlu diperbaiki untuk memastikan penghasilan soal selidik yang bermutu.

Dengan ini jelas bahawa kajian rintis dibuat untuk mengenalpasti sejauh mana kesesuaian keseluruhan penggunaan instrumen kepada responden kajian serta nilai kesahan dan kebolehpercayaan item-item yang telah dibina.

Pengkaji telah membuat kajian rintis ke atas 10 orang warga tua di rumah tumpangan tersebut yang bukan daripada sampel kajian yang dijalankan. Soal selidik yang digunakan untuk tujuan kajian rintis ini adalah serupa seperti yang dijalankan untuk kajian sebenar. Hasil yang diperolehi daripada kajian tersebut menunjukkan nilai α **0.847** sepertimana jadual 3.4 di bawah.

Jadual 3.4 : Analisis Data Kebolehpercayaan Instrumen Kajian

Bil	Pernyataan	Bil. Item	Cronbach Alpha Kajian Rintis (N = 10)	Cronbach Alpha Kajian Sebenar (N = 26)	Pembolehubah
1	Latarbelakang responden	10	-	-	Bebas
2	Emosi yang menembus (*Pervasive Affect*)	2	1.000	0.622	Bersandar
3	Pertimbangan fisiologi (*Physiological equivalents*)	8	0.864	0.718	Bersandar
4	Pertimbangan psikologi (*Psychological equivalents*)	10	0.678	0.668	Bersandar
	Keseluruhan	**30**	**0.847**	**0.669**	

Panduan umumnya, kebolehpercayaan atau *reliability* merupakan ukuran keupayaan sesuatu instrumen penyelidikan dalam mengukur permasalahan (pembolehubah) kajian secara konsisten setiap kali ia digunakan pada masa, tempat dan sampel yang berlainan.

Alpha > 0.6 – instrumen yang digunakan di dalam kajian mempunyai nilai kebolehpercayaan yang **tinggi.**

Alpha < 0.6 – instrumen yang digunakan di dalam kajian mempunyai nilai kebolehpercayaan yang **rendah.**

Mengikut Zaidatun Tasir dan Mohd Saleh Abu (2003: 345), nilai maksimum bagi pekali kepercayaan ialah 1. Sekiranya nilai pekali tersebut kurang daripada 0.6, maka bolehlah dianggap instrumen yang digunakan di dalam kajian mempunyai nilai kebolehpercayaan yang rendah.

3.8   Analisis Data

Kajian ini dijalankan menggunakan pendekatan kuantitatif dan kualitatif. Dalam kajian kuantitatif, instrumen yang digunakan adalah berbentuk soal selidik terdiri dari dua bahagian: Bahagian A mengandungi maklumat demografi dibina oleh pengkaji dan Bahagian B mengandungi inventori Skala Kemurungan Anggaran Sendiri Zung yang dimuat-turun.

Data yang diperolehi telah disemak terlebih dahulu sebelum analisis dilakukan. Ini bertujuan bagi memastikan segala arahan yang dikemukakan dipatuhi dengan betul oleh responden. Data-data yang diperolehi dianalisis secara berkomputer dengan menggunakan perisian *Statistical Packages For The Social Sciences (SPSS Version 16.0)* bagi mengira pemarkahan daripada dapatan soal selidik inventori Skala Kemurungan Anggaran Sendiri Zung. Proses analisis data daripada SPSS yang dilakukan bertujuan untuk mendapatkan kekerapan, peratusan dan min untuk dibincangkan serta dibahaskan.

Dalam kajian kualitatif pula, kaedah temubual bersemuka daripada persampelan bertujuan dijalankan setelah dapatan kajian kuantitatif tahap kemurungan warga tua dianalisis. Keputusan analisis itu akan mengenalpasti dan mengemukakan senarai warga tua yang dikategorikan sebagai murung yang sederhana dan tinggi untuk dijadikan subjek temubual.

Data dari kajian kualitatif yang menggunakan temubual bersemuka dianalisis secara terperinci berdasarkan kenyataan yang diberikan subjek dan diklasifikasikan kepada tiga tahap iaitu minimum, sederhana dan kritikal oleh pengkaji berdasarkan pemerhatian.

3.9   Rumusan

Bab ini merupakan metodologi kajian yang digunakan oleh pengkaji dalam menjalankan kajian. Pengkaji telah merancang beberapa perkara penting yang digunakan sebagai panduan dalam menjalankan kajian ini. Antaranya termasuk reka bentuk kajian, prosedur penyelidikan, tempat kajian, populasi dan persampelan, instrumen kajian, batasan kajian, kajian rintis dan analisis data. Prosedur yang dirancang dalam bab ini menjadi garis panduan dan memudahkan pengkaji menjalankan proses penyelidikan.

BAB IV

ANALISIS DATA DAN DAPATAN KAJIAN

4.1 PENGENALAN

Dalam bab ini, pengkaji akan membincangkan analisis data dan dapatan kajian yang telah diperolehi dan mengemukan hasil yang telah dianalisis berhubung dengan persoalan yang menjadi tumpuan yang telah dikumpulkan dalam kajian ini.

Dapatan kajian dibahagikan kepada empat bahagian

Bahagian A: Dapatan kajian mengenai maklumat demografi responden kajian
                        - Item A1 hingga Item A10

Bahagian B, C dan D: Analisis persoalan kajian seperti berikut:

Bahagian B: Mengenalpasti tahap kemurungan di kalangan warga tua -
                        Item B1 hingga Item B20

Bahagian C: Mengenalpasti kesan kemurungan ke atas emosi di kalangan warga
                        tua- Item B1 & B3 serta hasil temubual

Bahagian D: Mengenalpasti bentuk sokongan emosi yang diperlukan di kalangan
                        warga tua yang murung- Hasil temubual sahaja.

4.2   BAHAGIAN A: ANALISIS DATA MAKLUMAT DEMOGRAFI RESPONDEN

4.2.1   Jantina

Jadual 4.1 :   Taburan Kekerapan dan Peratusan Mengikut Jantina Responden

Item	Perkara	Jenis	Kekerapan	Peratusan
A1	Jantina	Lelaki	19	73.1 %
		Perempuan	7	26.9%
	Jumlah		26	100%

$n=26$

Jadual 4.1 menunjukkan taburan kekerapan dan peratusan responden mengikut jantina di mana seramai 19 orang atau 73.1 % adalah lelaki dan seramai 7 orang atau 26.9% adalah perempuan. Ini menunjukkan kebanyakan responden yang dikaji adalah didominasi oleh warga lelaki.

4.2.2   Umur

Jadual 4.2:   Taburan Kekerapan Dan Peratusan Mengikut Umur Responden

Item	Perkara		Kekerapan	Peratusan
A2	Umur	50-60 tahun	5	19.2
		61-69 tahun	6	23.1
		70 tahun ke atas	15	57.7
	Jumlah		26	100%

$n=26$

Jadual 4.2 di atas menunjukkan kepada umur responden lebih separuh berumur 70 tahun ke atas iaitu seramai 15 orang (57.7%), diikuti dengan 6 orang (23.1%) berumur antara 60-69 tahun dan 5 orang (19.2%) berumur antara 50-60 tahun.

4.2.3 Bangsa

Jadual 4.3:   Taburan Kekerapan Dan Peratus Mengikut Bangsa Responden

Item	Perkara		Kekerapan	Peratusan
A3	Bangsa	Melayu	18	69.2
		Cina	0	0
		India	5	19.2
		Lain-lain: Jawa	3	11.5
	Jumlah		26	100%

n=26

Jadual 4.3 di atas menunjukkan taburan responden berdasarkan bangsa. Berdasarkan jadual tersebut, dapat diketahui bahawa kebanyakan responden adalah berbangsa Melayu iaitu seramai 18 orang (69.2.%), 5 orang berbangsa India (19.2 %) dan dari lain-lain 3 orang (11.5%) orang sahaja. Tiada responden yang berbangsa Cina

4.2.4 Status Diri

Jadual 4.4:   Taburan Kekerapan Dan Peratusan Mengikut Status Diri Responden

Item	Perkara		Kekerapan	Peratusan
A4	Status Diri	Berkahwin	14	53.8
		Tidak Pernah Berkahwin	9	34.6
		Duda/ Janda	3	11.5
	Jumlah		26	100%

n=26

Jadual 4.4 di atas menunjukkan kepada latar belakang Status Diri responden lebih separuh sudah berkahwin iaitu seramai 14 orang (53.8%), diikuti dengan 9 orang (34.6%) tidak pernah perkahwin dan hanya 3 orang sahaja (11.5%) sudah janda/duda.

4.2.5 Bilangan Anak

Jadual 4.5: **Taburan Kekerapan Dan Peratusan Mengikut Bilangan Anak Responden**

Item	Perkara		Kekerapan	Peratusan
A5	Bilangan Anak	Tiada	16	61.5
		2-4 orang	5	19.2
		5 orang ke atas	5	19.2
	Jumlah		26	100%

n=26

Jadual 4.3.4 di atas menunjukkan bilangan anak yang dimiliki responden iaitu seramai 16 orang (61,5%) tidak mempunyai anak, 5 orang (19.2%) mempunyai 2-4 orang anak dan baki 5 orang lagi mempunyai lebih daripda 5 orang anak. Tidak ada seorangpun yang mempunyai satu orang anak.

4.2.6 Tahap Pendidikan

Jadual 4.6: **Taburan Kekerapan Dan Peratusan Mengikut Tahap Pendidikan Responden**

Item	Perkara	Tahap	Kekerapan	Peratusan
A6	Tahap pendidikan	Tidak pernah bersekolah	8	30.8
		Sekolah rendah	18	69.2
		Sekolah menengah	0	0
		Maktab / universiti	0	0
	Jumlah		26	100%

n=26

Jadual 4.3.5 di atas memaparkan tahap pendidikan responden. Kebanyakan responden iaitu seramai 18 orang (69.2%) hanya bersekolah rendah dan baki seramai 8 orang (30.8%) tidak pernah bersekolah.

4.2.7 Pengalaman Bekerja

Jadual 4.7: **Taburan Kekerapan Dan Peratusan Mengikut Pengalaman Bekerja Responden**

Item	Perkara	Bidang	Kekerapan	Peratusan
A7	Pekerjaan	Pernah bekerja	26	100%
		Tidak pernah bekerja	0	0
		Jumlah	26	100%

n=26

Jadual 4.7 di atas menunjukkan kesemua 26 responden (100.0%) pernah bekerja sebelum berada di pusat jagaan ini.

4.2.8 Tempoh Menghuni Darul Takrim

Jadual 4.8: **Taburan Kekerapan Dan Peratusan Mengikut Tempoh menghuni Darul Takrim Responden**

Item	Perkara		Kekerapan	Peratusan
A8	Tempoh menghuni Darul Takrim	Bawah 2 tahun	7	26.9
		2 hingga 5 tahun	8	30.8
		5 tahun ke atas	11	42.3
		Jumlah	26	100%

n=26

Jadual 4.8 di atas menunjukkan tempoh responden menghuni di Darul Takrim. Hampir separuh responden iaitu seramai 11 orang (42.3.0%) sudah berada lebih 5 tahun. Seramai 8 orang (30.8%) berada antara 2 hingga 5 tahun dan baki 7 orang berada bawah 2 tahun.

4.2.9 Kecacatan

Jadual 4.9: **Taburan Kekerapan Dan Peratusan Mengikut Kecacatan Responden**

Item	Perkara		Kekerapan	Peratusan
A9	Kecacatan	Ada	6	23.1
		Tiada	20	76.9
	Jumlah		26	100%

n=26

Jadual 4.9 di atas menunjukkan kecacatan yang ada pada responden. Kebanyakan responden iaitu seramai 20 orang (76.9%) tiada kecacatan. Baki 6 orang mempunyai kecacatan samada 2 orang kecacatan sebelah mata, 2 orang kaki lumpuh, 1 orang rabun kedua mata hampir buta dan seorang lagi kaki kiri di potong kerana sakit kencing manis (*diabetes*).

4.2.10 Agama

Jadual 4.10: **Taburan Kekerapan Dan Peratusan Mengikut Agama Responden**

Item	Perkara		Kekerapan	Peratusan
A10	Agama	Islam	26	100
	Jumlah		26	100%

n=26

Jadual 4.10 di atas menunjukkan kesemua responden adalah beragama Islam sebagaimana yang dikehendaki dalam kajian ini.

4.3 BAHAGIAN B : ANALISIS MENGENALPASTI TAHAP KEMURUNGAN DI KALANGAN WARGA TUA

Dalam bahagian B iaini bagi mengenalpasti tahap kemurungan di kalangan warga tua, dapatan yang diperolehi melalui soal selidik Skala Kemurungan Anggaran Sendiri (SDS) Zung dilaksanakan menurut item pemarkahan (3.5.2) dan seperti tercatit dalam jadual 3.2.

Sebelum menjelaskan dapatan tahap kemurungan di kalangan warga tua, pengkaji rasa perlu menbentangkan dapatan keseluruhan kategori karekteristik kemurungan dalam Inventori Zung sebagai permulaan di jadual 4.11.

Jadual 4.11   Taburan nilai min bagi kategori karekteristik kemurungan dalam Inventori Zung

Bil	Pernyataan	Bil. Item	*Min*
1	Emosi yang menembus (*Pervasive Affect*)	2	1.652
2	Pertimbangan fisiologi (*Physiological equivalents*)	8	1.673
3	Pertimbangan psikologi (*Psychological equivalents*)	10	1.950
	Keseluruhan	**20**	**1.758**

<u>*n=26*</u>

Jadual 4.11 di atas menunjukkan dapatan keseluruhan kategori karekteristik kemurungan dalam Inventori Zung. Keseluruhan menunjukkan bahawa nilai **min** **1.758** menggambarkan kesederhanaan karekteristik kemurungan di kalangan warga tua.

4.3.1   Mengenalpasti tahap kemurungan di kalangan warga tua.

Jadual 4.12   Taburan Kekerapan dan Peratus Responden dan nilai min
                bagi mengenalpasti tahap kemurungan di kalangan warga tua

Item	Pernyataan	Jenis Taburan	Jarang-jarang	Kadang-kala	Kera p	Sentiasa	Min	Sisihan Piawai
B1	Saya rasa duka dan tidak keruan.	Kekerapan	17	3	3	3	1.69	1.087
		Peratus%	65.4	11.5	11.5	11.5		
B2	Pagi masa saya yang terbaik.	Kekerapan	16	4	3	3	1.73	1.079
		Peratus%	61.5	15.4	11.5	11.5		
B3	Saya dihantui rasa ingin menangis.	Kekerapan	19	2	1	4	1.62	1.134
		Peratus%	73.1	7.7	3.8	15.4		
B4	Saya mengalami masalah tidur di malam hari.	Kekerapan	17	2	1	6	1.85	1.287
		Peratus%	65.4	7.7	3.8	23.1		
B5	Saya makan dengan banyak.	Kekerapan	10	7	6	3	2.08	1.055
		Peratus%	38.5	26.9	23.1	11.5		
B6	Saya gemar melakukan hubungan seks.	Kekerapan	10	8	1	7	2.19	1.234
		Peratus%	38.5	30.8	3.8	26.9		
B7	Saya merasai pengurungan berat badan.	Kekerapan	18	0	7	1	1.65	1.018
		Peratus%	69.2	0.0	26.9	3.8		
B8	Saya menghadapi masalah sembelit.	Kekerapan	22	0	2	2	1.31	0.838
		Peratus%	84.6	0.0	7.7	7.7		
B9	Hati saya berdegup dengan cepat .	Kekerapan	21	4	1	0	1.35	0.797
		Peratus%	80.8	15.4	3.8	0.0		
B10	Saya lelah tanpa alasan.	Kekerapan	9	2	7	8	1.23	0.514
		Peratus%	34.6	7.7	26.9	30.8		

Sambungan Jadual 4.12

Item	Pernyataan	Jenis Taburan	Jarang-jarang	Kadang-kala	Kerap	Sentiasa	Min	Sisihan Piawai
B11	Fikiran saya tenang seperti dahulu.	Kekerapan	9	5	2	10	2.54	1.272
		Peratus%	34.6	19.2	7.7	38.5		
B12	Saya berasa mudah untuk melakukan perkara seperti dahulu.	Kekerapan	15	1	6	4	2.50	1.334
		Peratus%	57.7	3.8	23.1	15.4		
B13	Saya berasa tidak tenang dan tidak boleh berdiam diri.	Kekerapan	17	4	2	3	1.96	1.216
		Peratus%	65.4	15.4	7.7	11.5		
B14	Saya berasa penuh harapan pada masa hadapan.	Kekerapan	21	2	2	1	1.65	1.056
		Peratus%	80.8	7.7	7.7	3.8		
B15	Saya mudah tersinggung daripada biasa.	Kekerapan	8	5	5	8	1.69	1.123
		Peratus%	30.8	19.2	19.2	30.8		
B16	Saya mudah untuk membuat keputusan.	Kekerapan	20	4	0	2	2.50	1.241
		Peratus%	76.9	15.4	0.0	7.7		
B17	Saya rasa bahawa saya berguna dan diperlukan	Kekerapan	16	4	5	1	1.38	0.852
		Peratus%	61.5	15.4	19.2	3.8		
B18	Saya hidup penuh keceriaan.	Kekerapan	25	1	0	0	1.65	0.936
		Peratus%	96.2	3.8	0.0	0.0		
B19	Saya rasa adalah lebih baik jika saya meninggal dunia.	Kekerapan	8	5	3	10	1.04	0.196
		Peratus%	30.8	19.2	11.5	38.5		
B20	Saya gemar melakukan tabiat yang sama.	Kekerapan	16	4	3	3	2.58	1.301
		Peratus%	61.5	15.4	11.5	11.5		

_n=26_

Daripada dapatan jadual di atas, pengkaji telah menggunakan perisian *SPSS Version 16.0* bagi menganalisa dan mengira pemarkahan bagi mendapatkan Jumlah Index SDS berdasarkan formula yang ditetapkan seperti berikut:

$$\text{Jumlah Index SDS} = \frac{\text{Jumlah markah mentah x 100}}{\text{Jumlah markah maksimum iaitu 80}} = \underline{\hspace{2cm}}$$

Hasil jumlah indeks tersebut kemudian dibahagi ke dalam empat jarak:

25-49   Biasa (Low)

50-59   Kemurungan Rendah (Mild-Moderate)

60-69   Kemurungan Sederhana (Moderate-Severe)

70 and lebih   Kemurungan Tinggi (Severe)

Berikut adalah dapatan perkiraan tersebut dalam jadual 4.12:

Jadual 4.13   Tahap Kemurungan Di Kalangan Warga Tua secara keseluruhan

Jarak Tahap	Tahap kemurungan	Kekerapan	Peratus
25-49	Biasa (Low)	19	73.1%
50-59	Kemurungan Rendah	3	11.5%
60-69	Kemurungan Sederhana	2	7.7%
70 and lebih	Kemurungan Tinggi	2	7.7%

$\underline{n}$=26

Jadual 4.12 di atas menunjukkan tahap kemurungan di kalangan warga tua yang menghuni rumah tumpangan di Darul Takrim. Hampir tiga suku responden iaitu seramai 19 orang (73.1%) mempunyai tahap kemurungan yang biasa. Seramai 3 orang (11.5%) mempunyai tahap kemurungan yang rendah, lagi 2 orang (7.7%) mempunyai tahap kemurungan yang sedang, dan baki 2 orang (7.7%) mempunyai tahap kemurungan yang tinggi.

4.4 BAHAGIAN C : ANALISIS MENGENALPASTI KESAN KEMURUNGAN KE ATAS EMOSI DI KALANGAN WARGA TUA.

Bagi mengenalpasti kesan kemurungan ke atas emosi di kalangan warga tua, pengkaji telah menggunakan sub-skala I dalam jadual 4.13 daripada Skala Kemurungan Anggaran Sendiri (SDS) Zung sebagai item bagi dapatan yang mencetuskan kesan kemurungan ke atas emosi responden dan juga hasil maklum balas daripada temubual dengan warga tua di rumah tumpangan tersebut.

4.4.1 Hasil maklumat kuantitatif

Pengkaji telah menggunakan sub-skala I dalam jadual 4.13 daripada Inventori Skala Kemurungan Anggaran Sendiri (SDS) Zung sebagai item bagi dapatan yang mencetuskan kesan kemurungan ke emosi responden

Jadual 4.14   Sub-skala I daripada Inventori Skala Kemurungan Anggaran Sendiri (SDS) Zung

Item	Kenyataan
I) Emosi yang menembus (*Pervasive Affect*)	
B1	Saya rasa duka dan tidak keruan.
B3	Saya dihantui rasa ingin menangis.

Kedua item ini menurut inventori tersebut digabungkan sebagai satu sub-skala yang akan mendedahkan kesan kemurungan ke atas emosi warga tua.

Berikut adalah dapatan yang diperolehi daripada soal-selidik Inventori Skala Kemurungan Anggaran Sendiri (SDS) Zung bagi item 1 dan item 3 sahaja:

Jadual 4.15   Jadual Taburan Kekerapan dan Peratus Responden dan nilai min
bagi mengenalpasti kesan kemurungan ke atas emosi warga tua

Item	Pernyataan	Jenis Taburan	Jarang-jarang	Kadang-kala	Kerap	Sentiasa	Min
B1	Saya rasa duka dan tidak keruan	Kekerapan	17	3	3	3	1.69
		Peratus%	65.4	11.5	11.5	11.5	
B3	Saya dihantui rasa ingin menangis	Kekerapan	19	2	1	4	1.62
		Peratus%	73.1	7.7	3.8	15.4	

Daripada dapatan jadual di atas, maka pengkaji telah menggunakan *SPSS Version 16.0* bagi menganalisa dan mengira pemarkahan ini bagi mendapatkan Jumlah Index SDS berdasarkan formula yang ditetapkan seperti berikut:

$$\text{Jumlah Index SDS} = \frac{\text{Jumlah markah mentah x 100}}{\text{Jumlah markah maksimum iaitu 80}} = \underline{}$$

Berikut adalah dapatan perkiraan tersebut dalam jadual 4.15:

Jadual 4.16   Tahap Kemurungan Ke Atas Emosi Warga Tua Secara Keseluruhan

Jarak Tahap	Tahap Kemurungan	Kekerapan	Peratus
25-49	Biasa	17	65.4%
50-59	Rendah	2	7.7%
60-69	Sederhana	4	15.4%
70 and lebih	Tinggi	3	11.5%

n=26

Jadual 4.15 di atas menunjukkan kesan kemurungan ke atas emosi di kalangan warga tua yang menghuni rumah tumpangan di Darul Takrim. Lebih separuh responden iaitu seramai 17 orang (65.4%) berada dalam keadaan normal. Seramai 2 orang (7.7%) mempunyai kesan kemurungan yang rendah, lagi 4 orang (15.4%) mempunyai tahap kemurungan yang sederhana, dan baki 3 orang (11.5%) mempunyai kesan kemurungan yang tinggi.

4.4.2 Hasil maklumat dapatan Kualitatif Kemurungan

Berikut adalah maklum balas (komen) yang diberikan oleh responden atau warga (subjek) dan juga pemerhatian yang dilakukan oleh pengkaji dalam jadual 4.16:

Jadual 4.17: Komen responden mengenai kemurungan ke atas emosi mereka

Warga	Komen (maklum balas)	Pemerhatian Pengkaji
W1	(i) Saya sedih kenangkan diri saya yang malang ini. Apakan tidak! Saya mempunyai enam orang anak, dua lelaki dan empat perempuan. Semua tak sanggup nak jaga saya. Sedih saya kenangkan perbuatan mereka.	- Responden menunjukkan reaksi wajah yang agak kecewa dan nada suara yang terketar-ketar.
	(ii) Ya, saya juga sedih mengenangkan keadaaan itu berlaku. Saya masih sayangkan isteri saya.	- Warga menangis..... dan terus menangis ketika meluahkan perasaannya.
	(iii) Pada mulanya saya rasa amat sedih kerana terpaksa berpisah dengan isteri saya yang telah lebih lima puluh tahun berkahwin dengan saya. Saya dah tak pandang anak-anak saya lagi. Yang saya ingat hanyalah isteri saya.	- Warga dengan sebak dada meluahkan perasaannya ketika itu.
W2	(i) Saya tidak tahu nak buat apa. Nasib baik ada jiran dan jawatankuasa masjid bantu uruskan jenazahnya untuk dikebumikan. Saya mana ada duit. Saya sedih mengenangkan keadaaan itu berlaku. Saya sayangkannya sebab dia dah jaga saya yang mata rabun ini.	- Warga menangis terus menangis sambil meluahkan perasaannya dengan teresak-resak.
	(ii) Saya sebenarnya begitu sedih melihat nasib saya ditimpa musibah dari satu masalah kepada	Warga bergelinangan air mata sambil

	masalah yang lain. Tidak pernah sekalipun dalam hidup saya ini saya dapat rasa kebahagiaan hidup. Dengan kecacatan yang saya miliki, kemiskinan hidup dan kekurangan ilmu dunia dan akhirat kerana tidak mampu untuk mendapatkannya, dengan kegelapan mata saya, tersangatlah hina saya rasakan diri ini. Sebenarnya setiap hari saya menangis mengenangkan hari-hari tua saya ini. Saya rasa apalah guna saya lama di dunia ini. Kalau bukan kerana bekalan agama yang Ustazah ajar saya di sini, saya mahu sahaja mohon agar Tuhan ambil nyawa saya. Tetapi saya tahu Allah Maha Mengetahui.	berkata-kata dengan suara yang terputus-putus.
W3	(i) Dialah yang menjaga saya semasa saya sakit...saya jadi lumpuh selepas terjatuh ketika bekerja di kawasan binaan rumah.	- Warga berdiam lama.... dan berkata-kata dalam air mata berlinang.
	(ii) Ya, dia kakak saya betul tapi dia dah tiada...	- Warga terus menangis tanpa henti.
	(iii) Ya, saya tidak berkahwin, saya banyak habiskan masa berfoya-foya, itulah sebabnya saya dapat balasan Tuhan sehingga saya menjadi begini dan saya dah insaf... betul saya insaf dan menyesal.	- Warga meluahkan perasaannya dengan nada kesal ketika itu.
	(iv) Selepas empat hari saya dapat berita bahawa kakak saya meninggal melalui keluarga suaminya kerana kemalangan. Saya diberitahu kedua anak dia dapat diselamatkan tetapi dia dan suaminya meninggal selepas dua hari di Hospital.	- Warga meluahkan perasaannya sambil menitis air mata lagi.
	v) Sejak berpindah ke sini sehingga sekarang, saya sering bermimpi kakak saya dan kampung	- Warga melanjutkan penjelasan dengan

	walaupun dah lebih sepuluh tahun saya di sini. Saya kerap terbangun malam kerana mimpi itu.	nada serius.
W4	(i) Mereka berdua tidak setuju. Sebab takut tiada siapa yang akan perhatikan saya di sini. Saya masih sayangkan anak, menantu dan cucu-cucu saya....tapi saya kasihan dengan nasib mereka. (ii) Pada mulanya saya rasa amat sedih kerana berpisah dengan anak-anak dan cucu-cucu saya. Kerana sebenarnya saya cuba menyembunyikan kesedihan hati saya kerana kehilangan isteri saya yang saya sayangi! Saya mahu menyendiri. Diam tak diam dah hampir enam tahun saya di sini.	- Warga terus menangis semasa menyatakan perasaannya. - Warga semakin yakin dengan kata-katanya.

Berdasarkan kepada dapatan kajian berkenaan item kemurungan yang dialami oleh warga tua di rumah tumpangan di atas menunjukkan keempat-empat warga (responden) berhadapan dengan situasi kemurungan sewaktu peristiwa itu berlaku ke atas dan semasa mereka berada di rumah tumpangan..

Daripada komen (maklum balas) yang diberikan oleh warga (responden) menunjukkan dua daripada empat warga (responden) menyatakan rasa bersalah terhadap diri sendiri. Seorang warga menyatakan rasa malu dan terfikir meninggal dunia sahaja apabila melihat kehidupannya berakhir menjadi hina dina. Terdapat juga seorang warga yang mengalami gangguan tidur dan sering terjaga dari tidur kerana teringat orang yang tersayang yang telah pergi. Malah seorang lagi warga pula menyatakan rasa sedihnya kehilangan isterinya.

Oleh itu, daripada pemerhatian pengkaji menunjukkan kesan kemurungan ke atas emosi keempat-empat warga tua itu boleh diklasifikasikan berada di tahap yang kritikal atau tinggi kerana ada penduduk yang sentiasa menyalahkan diri sendiri, yang kerap terjaga dari tidur dan yang terasa ingin bunuh diri.

4.5   BAHAGIAN D: ANALISIS MENGENALPASTI BENTUK SOKONGAN EMOSI YANG DIPERLUKAN DI KALANGAN WARGA TUA YANG MURUNG

Berikut adalah maklum balas (komen) yang diberikan oleh warga (responden) dan juga pemerhatian yang dilakukan oleh pengkaji dalam jadual 4.17 :

Jadual 4.18:   **Komen Responden Mengenai Bentuk Sokongan Emosi:**

Warga	Komen (maklum balas)	Pemerhatian Pengkaji
W1	Ya, ini semua berkat bantuan dan sokongan semua staff serta tuan pengurus, doktor dan juga para Ustaz. Begitu juga beberapa teman penduduk banyak membantu saya selama di rumah tumpangan ini.	-Warga menunjukkan reaksi wajah yang tenang dan nada suara warga juga tidak begitu menekan
W2	Sebenarnya staff rumah tumpangan ini banyak membantu saya menjadikan saya lebih bertawakal kepadaNya, pembantu di sini semua bersedia membantu saya apabila saya memerlukan. Orang pejabat juga ada memberikan khidmat kaunseling walaupun pada mulanya sukar untuk saya lupakan kehidupan saya yang menderita itu. Tetapi setelah saya berada lama di rumah tumpangan ini sedikit sebanyak dapat mengurangkan kesedihan yang saya alami. Saya sedapat mungkin cuba menghiburkan diri saya. Saya juga bersyukur kerana rumah ini telah menyediakan keperluan harian saya, saya	-Warga menunjukkan reaksi wajah yang riang dan nada suara warga juga bertambah yakin.

		tidak perlu takut seperti semasa saya sendirian dahulu.	
W3		Kaki tangan dan pengurus rumah ini telah menyediakan tempat perlindungan yang selesa untuk saya meneruskan kehidupan yang lebih aman. Ada *nurse*, ada doktor dan tuan pengurus yang selalu memberi perhatian. Terima kasih saya kepada mereka.	-Warga menunjukkan reaksi wajah yang ceria dan nada suara warga juga bersahaja..
W4		(i) Alhamdulillah, setiap minggu pada setiap hari Jumaat tengahari saya akan di bawa pulang untuk bersolat Jumaat kemudian di bawa pulang ke rumah anak sulung atau ke rumah anak perempuan bongsu saya dan harus kembali ke rumah ini pada hari Ahad jam 12 tengahari . Anak-anak saya yang merancang dan berbincang dengan pihak pengurusan rumah ini.	-Warga dengan reaksi wajah yang gembira dan nada suara jelas.
		(ii) Ya, berkat bantuan semua staff, para ustaz dan kawan rapat penduduk di rumah tumpangan ini. Begitu juga anak lelaki saya juga memberi perangsang serta dia sering beritahu saya yang dia senantiasa mendoakan kebaikan saya.	-Warga dengan reaksi wajah yang ceria dan nada suara yakin.

Berdasarkan dapatan kajian di atas, keempat-empat responden atau warga memberikan komen (maklum balas) bahawa pengurus dan staff rumah tumpangan tersebut banyak memberikan sokongan ketika mereka berhadapan dengan kemurungan semasa berada di rumah tumpangan tersebut. Satu daripada mereka menyatakan bahawa anak-anak mereka juga memberikan sokongan kepada mereka ketika berhadapan dengan kemurungan semasa berada di rumah tumpangan tersebut.

Kesimpulan kenyataan mereka menunjukkan bahawa pihak Jabatan Kebajikan Masyarakat atau MCYDS selain telah menyediakan rumah tumpangan untuk tempat mereka berlindung, telah banyak memberikan sokongan kepada mereka iaitu dari segi memberikan khidmat kaunseling kepada mereka yang dalam kemurungan dan kesan ke atas emosi yang mereka alami dan juga nasihat perubatan dan kesihatan melalui pemeriksaan doktor yang bertugas di rumah tumpangan tersebut.

Oleh itu, daripada pemerhatian pengkaji menunjukkan tahap yang boleh diklasifikasikan bagi objektif ini adalah berada di tahap yang sederhana kerana keempat-empat warga menunjukkan rasa berpuas hati dengan sokongan-sokongan yang diterima oleh pelbagai pihak ketika warga berhadapan dengan situasi tersebut.

4.6   Rumusan

Bab ini pengkaji telah membincangkan segala dapatan kajian yang diperolehi hasil daripada dapatan soal-selidik dan juga sesi temubual yang dijalankan dengan warga tua - responden. Antara hasil dapatan yang dibincangkan adalah meliputi objektif seperti hasil dapatan tahap kemurungan, kesan kemurungan ke atas emosi warga tua juga bentuk sokongan yang diperolehi oleh warga tua - responden. Setelah itu, segala dapatan kajian ini akan dibincangkan oleh pengkaji dengan lebih mendalam di dalam Bab 5.

BAB V

PERBINCANGAN, RUMUSAN DAN CADANGAN

5.1   Pendahuluan

Bahagian ini membincangkan dan merumuskan dapatan kajian yang telah diperolehi hasil daripada penganalisaan data yang telah dibuat.   Perbincangan dan rumusan dibuat berdasarkan analisis deskriptif dan juga membincangkan hasil yang diberikan oleh responden melalui sesi temubual yang dijalankan.

Di dalam bab ini juga akan dihuraikan hasil dapatan kajian yang diperolehi serta cadangan-cadangan yang dikemukakan diharapkan dapat membantu pengkaji lain untuk mendapatkan hasil kajian yang lebih berkesan. Masalah-masalah yang dihadapi oleh pengkaji ketika menjalankan kajian juga akan dikemukakan di bahagian ini.

Faktor perbincangan ini menjurus kepada objektif kajian dalam Bab I iaitu dapatan mengenalpasti tahap kemurungan di kalangan warga tua, mengenal pasti kesan kemurungan ke atas emosi di kalangan warga tua dan mengenal pasti bentuk sokongan emosi yang diperlukan di kalangan warga tua yang murung termasuk dapatan analisis maklumat peribadi di awal perbincangan, diikuti dengan rumusan, cadangan tindakan, cadangan kajian lanjutan dan kesimpulan.

5.2 Dapatan Analisis Deskriptif Maklumat Peribadi Responden

Dapatan kajian menunjukkan keseluruhan responden adalah seramai 26 orang iaini 73.1% atau 17 lelaki dan 26.9% atau 9 perempuan. Berdasarkan daripada dapatan analisis yang dijalankan menunjukkan bahawa majoriti responden adalah warga lelaki berbanding warga perempuan. Ini menunjukkan bahawa sebahagian besar responden adalah terdiri daripada warga lelaki.

Berdasarkan aspek umur pula, responden telah dibahagikan kepada tiga kategori iaitu 50 hingga 60 tahun, 61 hingga 69 tahun dan 70 tahun ke atas . Dapatan analisis menunjukkan bahawa seramai 5 responden atau 19.2 peratus berumur antara 50 hingga 60 tahun, 6 responden atau 23.1 peratus berumur antara 61 hingga 69 tahun manakala 57.7 peratus atau 15 responden berumur antara 70 tahun ke atas. Majoriti responden adalah terdiri daripada warga yang berumur antara 70 tahun ke atas sesuai dengan jumlah 79 peratus atau 64 warga yang berumur antara 70 tahun ke atas, dalam populasi kajian ini.

Selain itu, dapatan kajian mengikut bangsa menunjukkan majoriti responden terdiri daripada kaum Melayu dengan peratus 69.2 peratus atau 18 orang, diikuti dengan kaum India 5 orang atau 19.6 peratus. Hanya 3 orang atau 11.6 peratus bangsa lain-lainya iaitu Jawa. Tiada bangsa Cina. Ini jelas kerana kebanyakan orang Islam adalah dari kalangan orang Melayu. Terdapat hanya 4 orang sahaja dari bangsa Cina dalam populasi 81 penduduk Islam.

Mengenai status diri, dapatan kajian menunjukkan 53.8 peratus atau 14 orang sudah berkahwin, 34.6 peratus atau 9 orang tidak pernah berkahwin dan 11.5 peratus atau 3 orang adalah duda/janda. Ini bermakna bagi sebahagian daripada mereka yang sudah berkahwin, sebenarnya pasangan mereka masih hidup di luar dan mereka masih belum berpisah tetapi dihantar oleh anak-anak kerana tiada orang yang dapat menjaga mereka atau kerana mereka tidak mampu.

Dapatan kajian mengenai anak-anak mereka, mendapati 61.5 peratus atau 16 orang tiada anak, 19.2 peratus atau 5 orang ada 2-4 orang anak dan 19.2 peratus lagi atau 5 orang mempunyai lebih 5 orang anak. Tidak ada seorangpun yang mempunyai satu orang anak. Ini menunjukkan bahawa mereka yang 'sebatang kara' adalah majoriti penduduk rumah tumpangan. Tetapi dapatan ini juga menunjukkan bahawa mempunyai anak tidak menjamin seseorang itu akan dijaga anak mereka ketika mereka berada di umur lanjut ini.

Dari aspek pengalaman bekerja, kesemua mereka pernah bekerja dan dari catitan kebanyakan hanya sebagai buruh, pegawai keselamatan, pemandu teksi, kren atau pembantu kedai dan seumpamanya. Ini jelas menunjukkan kekurangan kemahiran mereka. Dapatan dengan maklumat yang lain menunjukkan bahawa mereka yang dari kalangan keluarga yang miskin dan tidak berpendidikan sahaja yang menghantar ibubapa mereka ke rumah tumpangan.

Dapatan kajian mengikut tempoh menghuni rumah tumpangan ini, menunjukkan 7 orang atau 26.9 peratus sudah tinggal bawah 2 tahun, diikuti 8 orang atau 30.8 peratus sudah berada 2 tahun hingga 5 tahun dan baki 11 orang atau 42.3 peratus berada lebih 5 tahun. Dari catitan, ada yang sudah 15 tahun berada di rumah tumpangan kerana tiada tempat tinggal atau tidak mampu untuk mendapatkan tempat tinggal sendiri.

Dan akhirnya dari aspek kecacatan, menunjukkan seramai 6 orang atau 23.1 peratus mempunyai kecatatan seperti kedua mata rabun ayam atau rabun penuh, lumpuh kedua kaki, buta sebelah mata, dipotong sebelah kaki kerana kencing manis dan lain-lain lagi. Baki 20 orang atau 76.9 peratus tiada kecacatan.

Kesemua responden adalah beragama Islam sebagaimana yang ditetapkan untuk kajian ini. Jumlah populasi sebanyak 81 orang Islam, tetapi hanya 71 orang yang berumur 50 tahun ke atas, merupakan 47 peratus daripada 172 orang penduduk yang terdiri daripada berbilang bangsa dan agama di rumah tumpangan Darul Takrim.

5.3   Perbincangan Mengenai Hasil Dapatan Kajian

Dalam bahagian ini, pengkaji akan membincangkan mengenai ketiga-tiga persoalan kajian yang meliputi tahap kemurungan, kesan emosi terhadap warga tua yang murung dan bentuk sokongan.

5.3.1   Hasil Dapatan Kajian Bagi Tahap Kemurungan Di kalangan Warga Tua

Data diperolehi daripada set soal selidik yang dikendalikan oleh pengkaji. Segala data adalah tepat dan benar kerana borang soal selidik ditadbir oleh pengkaji sendiri. Ini kerana hampir kesemua subjek atau responden tidak dapat membaca dan menulis dengan baik. Oleh itu, cara terbaik yang dilakukan oleh pengkaji untuk mendapatkan maklumat serta memenuhi kehendak set soal selidik adalah dengan mengajak responden berbual sambil bertanyakan soalan yang dikehendaki. Selain itu, kaedah ini juga berkesan dalam mendapatkan maklumat peribadi responden secara terperinci tanpa menyentuh hal-hal yang boleh menimbulkan keadaan yang kurang selesa antara responden dengan pengkaji.

Hasil dapatan setelah di analisa mendapati seramai 19 orang atau 73.1 peratus mempunyai tahap kemurungan yang biasa. Seramai 3 orang atau 11.5 peratus mempunyai tahap kemurungan yang rendah,   lagi 2 orang atau 7.7 peratus mempunyai tahap kemurungan yang sederhana, dan baki 2 orang atau 7.7 peratus mempunyai tahap kemurungan yang tinggi. Ini jelas menunjukkan bahwa walaupun terdapat jadual pengawasan kesihatan dan kaunseling setiap minggu sekali dan pemerhatian fizikal setiap hari melalui aktiviti bersenam, masih terdapat 2 orang di antara mereka yang di analisa berada dalam tahap kemurungan yang tinggi.

Ini bersesuaian dengan laporan September 2009:18 oleh penulis Haralambous, Betty *et al* bagi National Ageing Research Institute (NARI), Australia mengenai kemurungan di kalangan warga tua (*older adults*), dimana ia melaporkan bahawa warga tua biasanya tidak melaporkan simptom-simptom kemurungan mereka kepada pegawai perubatan bertugas.

Selalunya menurut laporan itu lagi, warga tua jarang sekali mahu menggunakan khidmat kesihatan yang disediakan berbanding kumpulan umur yang lebih muda.

Menurut Jill Manthorpe dan Steve Iliffe (2005:7) pula, terdapat kemurungan yang tinggi di kalangan warga tua yang duduk atau tinggal di rumah tumpangan di mana terdapat hampir satu daripada empat penduduk di situ mengalami kemurungan.

Dengan penjelasan ini, dapat dirumuskan bahawa kedua pendapat penulis ini sehaluan dengan dapatan kajian ini.

5.3.2 Hasil Dapatan Kajian Bagi Kesan Kemurungan Ke Atas Emosi Di Kalangan Warga Tua

Hasil dapatan dari analisis menunjukkan bahawa lebih separuh responden iaitu seramai 17 orang atau 65.4% berada dalam keadaan biasa atau *normal*. Seramai 2 orang atau 7.7 peratus mempunyai kesan kemurungan yang rendah, lagi 4 orang atau 15.4 peratus mempunyai tahap kemurungan yang sederhana, dan baki 3 orang 11.5 peratus mempunyai kesan kemurungan yang tinggi ke atas emosi warga tua.

Keputusan hasil dapatan kajian tersebut menunjukkan bahawa kesan kemurungan ke atas warga (subjek) akan mudah mencetuskan emosi warga ketika berhadapan dengan peristiwa tersebut. Kesan tersebut didapati berada di tahap yang kritikal. Ini dapat dibuktikan dengan pernyataan yang diberikan oleh warga di dalam Bab 4.

Pernyataan keadaan yang kritikal ini juga dapat dilihat daripada dapatan kajian di mana kebanyakan warga yang ditemubual secara bersemuka tersentuh hati sehingga menangis, ada menunjukkan wajah kekesalan dan nada suaranya sedikit tinggi sewaktu menceritakan perkara yang telah berlaku ke atas diri mereka. Keempat-empat warga yang mengalami kemurungan berperasaan kecewa, berasa diri tidak berguna, ingatan yang berulang-ulang terhadap peristiwa tersebut dan perasaan bersalah terhadap diri sendiri yang agak keterlaluan serta kesunyian. Ini kerana peristiwa yang telah berlaku ke atas diri mereka itu, memberi kesan yang amat mendalam sehinggakan mereka beranggapan tidak ada gunanya untuk meneruskan kehidupan mereka lagi.

Kenyataan ini dijelaskan oleh WHO, 2001 dalam Haralambous, Betty, *et al*(2009:19) bahawa warga tua mempunyai risiko membunuh diri yang lebih tinggi berbanding populasi umum. Bahkan Haralambous, Betty, *et al*(2009:19) dan Lovestone, Simon(1996:5) menyatakan lagi bahawa warga tua yang tinggal di rumah tumpangan mempunyai risiko ditimpa kemurungan lebih daripada mereka yang di luar. Selain itu, Lovestone, Simon(1996:11) menyatakan ada tiga faktor yang menyebabkan warga di institusi rumah tumpangan berisiko menjadi murung:

(i) Faktor Sosial yang melibatkan kesunyian, kehilangan, kemisikinan, kekurangan hubungan sosial dan kesihatan fizikal;

(ii) Faktor Psikologi yang melibatkan harga diri yang rendah, kekurangan keintiman dan kesihatan fizikal;

(iii) Faktor Biologi yang melibatkan kehilangan ingatan, risiko genetik dan kesihatan fizikal.

Oleh yang demikian, maka dapat dirumuskan bahawa kedua laporan tersebut bersesuaian dengan dapatan kajian ini.

5.3.3 Hasil Dapatan Kajian Bagi Bentuk Sokongan Emosi Yang Diperlukan di kalangan warga tua yang murung

Hasil dapatan kajian bagi bentuk sokongan menunjukkan daripada pemerhatian pengkaji, item ini dapat diklasifikasikan berada di tahap yang sederhana. Ini kerana keempat-empat warga menunjukkan rasa berpuas hati terhadap sokongan-sokongan yang diterima oleh pelbagai pihak. Jika melihat kepada dapatan kajian, keempat-empat warga menyatakan bahawa staff dan pengurus rumah tumpangan di samping ada yang melibatkan anak dan teman-teman di rumah tersebut banyak memberikan sokongan dan juga kekuatan kepada mereka dalam menghadapi dugaan yang berlaku ke atas diri mereka. Di samping itu, warga (subjek) juga berharap supaya pihak berwajib memberikan perkhidmatan yang efektif kepada warga yang berada di situ.

Ini menunjukkan bahawa pengendali rumah tumpangan perlu memainkan peranan yang penting kerana mereka merupakan sokongan yang paling banyak berinteraksi dengan warga tua pada ketika mereka di institusi tersebut. Sokongan dapat dibahagikan kepada tiga:

i) Sokongan Kesihatan

Menurut Jill Manthorpe dan Steve Iliffe (2005:97) para doktor tidak akan dapat menjalankan tugas mereka dengan baik tanpa keterlibatan semua pasukan kesihatan, para pekerja sosial begitu juga dengan teman-teman dari hospital dan masyarakat umumnya. Latihan dan pendidikan yang dikendalikan oleh para *professional* kepada kakitangan institusi itu perlu terus dijalankan serta dipertingkatkan supaya tidak hanya terbatas kepada satu penyakit sahaja, katanya lagi (2005:101-102).

Patrick Mathiasen and Susan LeVert (1997:139-141) pula menyatakan para doktor dalam mengubati pesakit yang murung mestilah fokus kepada mengubati kemurungan dan kesan sampingannya. Di samping itu, doktor juga perlu memerhatikan simptom-simptomnya dan melindunginya daripada berulang lagi, mempertingkatkan kualiti kehidupannya serta kesihatannya secara umum. Jika perlu, barulah doktor beri mereka yang murung itu dengan ubat-ubat anti-depresi atau *electroconvulsive therapy* (ECT) atau kedua-duanya sekali.

ii) Sokongan Kaunseling/Psikoterapi

Robert T Wood (1999: 95) menjelaskan bahawa terapi kognitif merupakan kaunseling yang paling berkesan dalam menangani warga tua. Beliau (1999:185) juga mengatakan bahawa perhubungan kaunseling dengan para pembantu sangatlah berfaedah. Ini kerana ia akan memberikan para pembantu untuk belajar dan cuba strategi dan pendekatan baru untuk mengurusi warga tua. Kaunseling ini juga penting untuk para pembantu itu sendiri agar dapat meredakan tekanan emosi daripada mereka.

Simon Lovestone and Robert Howard (1996:55) menyatakan bahawa psikoterapi tidak boleh diabaikan dalam rawatan altenatif bagi warga tua. Matlamat para terapis perlu kukuh tetapi jangan terlalu pesimis dalam mengharapkan perubahan kepada tingkahlaku warga tua. Pendekatan dengan menggunakan terapi kognitif-kelakuan (REBT) atau terapi psikodinamik memang telah terbukti berjaya untuk warga tua.

iii) Sokongan Rohani

Menurut Ian Stuart Hamilton (2006:193), menyatakan bahawa peranan agama pada masa-masa krisis adalah sangat terkenal dan ia memberi keberuntungan secara semulajadi. Contohnya adalah diketahui bahawa kekuatan keimanan dalam agama berhubungkait dengan kemurungan. Ia juga dikaitkan dengan pertumbuhan kesihatan yang menjadi batu loncatan kepada stres yang rendah.

Dr Ng Beng Yeong (2010:190) menyatakan agama merupakan sumber yang baik bagi mereka yang murung. Ini kerana agama membantu mereka yang murung untuk mencari 'pengertian' dalam kehidupan dan pengalaman hidup, di samping memberi ruang untuk mereka mendapatkan kekuatan. Agama juga merupakan kekuatan rohani yang memberikan para pembantu/jururawat kekuatan dan ketenangan jiwa untuk terus mengambil berat kepada mereka yang murung.

Dengan penjelasan di atas, maka dapatlah dirumuskan bahawa hasil dapatan kajian bersesuaian dengan pendapat para akademik yang dibentangkan.

5.4 Rumusan Kajian

Banyak faktor menyebabkan warga tua dihantar ke rumah orang tua bagi menggalakkan mereka tinggal bersendirian. Kecacatan, nyanyuk, tidak bersefahaman di antara anak atau menantu dengan ibu bapa, kesibukan anak dengan tugas seharian dan masalah kewangan antara sebab berlakunya gejala ini dalam masyarakat hari ini. Walaubagaimanapun, jika keperluan tersebut tidak dapat dielakkan, mereka yang terlibat hendaknya memberi perhatian kepada kesepian dan kesedihan yang dialami warga tua ini agar mereka dapat meluahkan perasaan dan berkomunikasi dengan orang yang mereka percayai.

Antara cara yang terbaik ialah dengan peruntukkan masa untuk membawa pulang warga tua setiap hari, jika tidak setiap minggu atau setiap dua minggu atau sedapat mana masa yang mungkin. Pihak pengurusan rumah tumpangan akan sentiasa bersedia berbincang dengan keluarga, pasangan atau anak-anak bagi warga tua tersebut.

Adalah diharapkan juga agar hasil dapatan kajian ini dapat dijadikan sebagai garis panduan bagi staff dan pengurus di institusi tersebut serta keluarga samada anak-anak atau ibubapa yang menempatkan warga tua di institusi rumah tumpangan untuk lebih perihatin dalam hal kesenyapan dan kebersamaan. Hal ini kerana daripada pemerhatian pengkaji sewaktu menjalankan sesi temubual bersama warga menunjukkan kedua-dua elemen ini berada di tahap yang kritikal.

Secara keseluruhannya daripada dapatan kajian ini juga akan dapat membantu pengkaji dan pihak-pihak yang berkenaan untuk mengenalpasti kemurungan dan kesannya ke atas emosi warga tua dan bentuk sokongan yang diperolehi oleh warga dan seterusnya dapat menbantu warga itu sendiri dalam mengatasi perasaan yang dialami mereka.

5.5 Cadangan

Beberapa cadangan berikut adalah antara cadangan yang dapat membantu mengurangkan masalah yang dihadapi oleh warga tua yang menjadi murung. Tindakan susulan yang sewajarnya perlu diambil bagi mengenalpasti kumpulan atau individu warga tua yang berisiko tinggi bagi mengurangkan masalah yang akan dihadapi dari semasa ke semasa. Dengan itu, dikemukakan beberapa cadangan sebagai panduan bagi mengurangkan masalah-masalah tersebut. Cadangan-cadangan ini adalah khusus untuk pasangan suami isteri, ibubapa, keluarga, masyarakat dan pihak yang terlibat iaitu Jabatan Kebajikan Masyarakat (JKM) atau MCYDS dalam menangani dan mengurangkan masalah-masalah berkenaan.

5.5.1 Anak-anak dan keluarga

Adalah menjadi tanggungjawab semua anak-anak untuk memelihara kedua ibubapa mereka, apabila ibubapa mereka sudah tua sebagaimana ibubapa mereka telah memelihara dan membesarkan mereka sejak mereka kecil. Sebagai anak Islam, pastinya mereka wajib tahu itu adalah perintah Allah SWT sebagaimana firmanNya dalam Surah Al-Isra ayat 23-24:

وَقَضَى رَبُّكَ أَلاَّ تَعْبُدُواْ إِلاَّ إِيَّاهُ وَبِالْوَالِدَيْنِ إِحْسَاناً إِمَّا يَبْلُغَنَّ عِندَكَ

الْكِبَرَ أَحَدُهُمَا أَوْ كِلاَهُمَا فَلاَ تَقُل لَّهُمَا أُفٍّ وَلاَ تَنْهَرْهُمَا وَقُل لَّهُمَا

قَوْلاً كَرِيماً وَاخْفِضْ لَهُمَا جَنَاحَ الذُّلِّ مِنَ الرَّحْمَةِ وَقُل رَّبِّ ارْحَمْهُمَا

كَمَا رَبَّيَانِي صَغِيراً

Maksudnya:

Dan Tuhanmu telah memerintahkan supaya kamu jangan menyembah selain Dia dan hendaklah kamu berbuat baik pada ibu bapamu dengan sebaik-baiknya. Jika salah seorang di antara keduanya atau kedua-duanya sampai berumur lanjut dalam pemeliharaanmu, maka sekali-kali janganlah kamu mengatakan kepada keduanya perkataan "ah" dan janganlah kamu membentak mereka dan ucapkanlah kepada mereka perkataan yang mulia. Dan rendahkanlah dirimu terhadap mereka berdua dengan penuh kesayangan dan ucapkanlah: "Wahai Tuhanku, kasihilah mereka keduanya, sebagaimana mereka berdua telah mendidik aku waktu kecil".

Tidak sewajarnya seseorang meletakkan orang tuanya di rumah kebajikan kerana ini bermakna dia telah mengabaikan tanggungjawabnya sebagai seorang anak lebih-lebih lagi jika anak itu lelaki. Ibubapa juga memerlukan kasih sayang dan perhatian anaknya sepertimana anaknya memerlukan orang tuanya sewaktu dia masih kanak-kanak. Oleh itu, anak-anak harus bijak mengatur jadual harian untuk menggelakkan daripada meletakkan orang tua mereka di rumah kebajikan. Maka, jika orang tua mereka mempunyai anak yang ramai, mereka boleh bergilir-gilir menjaga orang tua mereka. Demikianlah sebuah keluarga Islam akan lakukan.

Walaubagaimanapun, seperti yang dikatakan tadi, terdapat anak-anak yang menghantar ibu bapa mereka ke rumah kebajikan dan ada pula yang membiarkan mereka bersendirian di rumah. Anak-anak memberi alasan tersendiri berbuat demikian walaupun ada yang mendakwa melakukannya demi kebaikan dan keselesaan ibu bapa. Ada anak yang mendakwa menghantar ibu bapa ke rumah kebajikan bagi memastikan mereka mendapat layanan sempurna seperti makan dan minum terurus kerana anak sendiri tidak mempunyai banyak masa berbuat demikian. Tidak kurang anak yang menghantar ibu bapa ke rumah kebajikan kerana tidak terdaya untuk merawat atau menjaga mereka yang sakit. Dengan menghantar ke rumah orang tua, masalah kesihatan ibu bapa akan dijaga dengan baik. Apa pun alasan mereka sama ada dengan niat baik atau sebaliknya, perbuatan itu tidak murni.

Jika keputusan telah dibuat, maka pastikan bagi mereka yang terlibat hendaknya memberi perhatian kepada kesepian dan kesedihan yang dialami warga tua ini agar mereka dapat meluahkan perasaan dan berkomunikasi dengan orang yang mereka percayai. Jika dapat, peruntukkan masa untuk membawa pulang warga tua setiap hari atau setiap minggu atau setiap dua minggu atau sedapat mana masa yang mungkin. Pihak pengurusan rumah tumpangan akan senantiasa bersedia untuk membantu kepulangan mereka ke pangkuan keluarga mereka.

5.5.2   Ibu Bapa

Ibu bapa bertanggungjawab membesarkan anak-anak, memberi makanan, minuman dan pakaian. Ibubapa juga mesti memastikan anak-anak mereka mendapat pendidikan yang terbaik samada ada pendidikan duniawi begitu juga pendidikan ukhrawi. Tidak mungkin seorang anak yang taat kepada Allah SWT sanggup melihat ibubapanya menderita. Kerana itulah pengetahuan menjaga anak dan kemahiran mendidik perlu diberikan keutamaan.

Selain itu, dengan dapatan umur penuaan manusia di negara-negara maju semakin meningkat, ibubapa perlu membuat persediaan menghadapi waktu tua dengan simpanan yang mencukupi bagi menghadapi hari muka.

5.5.3 Pengurus Rumah Tumpangan Warga Tua

Pengurus rumah tumpangan perlu memastikan pendidikan para petugas (serta pegawai-pegawai) mengenai kemurungan serta penglibatan mereka dalam membuat keputusan rawatan. Para petugas akan berusaha untuk mengatasi persepsi mereka dan mengembalikan *mood* mereka yang normal. Para professional yang berkhidmat di situ harus membuka ruang buat menerima nasihat pengalaman para sukarelawan tanpa sedikit pun kehilangan kewibawaan mereka.

Para doktor, para terapis dan kakitangan kesihatan mental perlu merawat mereka yang murung dengan tujuan mencapai penyembuhan penuh tanpa memberi ruang kepada simptom kemurungan berlaku lagi. Mereka perlu merawat seluruh diri pesakit itu. Masalah kesakitan fizikal sampingan seperti penglihatan dan pendengaran yang teruk perlu diberi perhatian juga agar pesakit tidak mengasingkan diri. Setiap petugas harus tahu arah haluan yang mana serta agensi yang perlu di rujuk. Begitu juga halnya pekerja sosial.

Pengurus juga harus pastikan bahawa para professional meninjau risiko luka diri mereka sendiri dengan senantiasa mengingati risikonya sambil berhubungan dengan pesakit yang berisiko itu.

5.5.4 Jabatan Kebajikan Masyarakat (JKM) dan MCYDS

Sebagai penguasa untuk bertindak, Jabatan Kebajikan Masyarakat (JKM) dan MCYDS perlu memastikan bahawa desakan atau seruan untuk menambahkan institusi tersebut dapat dipercepatkan. Ini kerana laporan menunjukkan bahawa peningkatan warga tua berbanding golongan muda bukan sahaja akan memberi kesan kepada pertumbuhan penduduk tetapi juga daya maju negara.

JKM/MCYDS perlu juga mempersiapkan pegawai-pegawai mereka menghadapi keperluan institusi warga tua dengan latihan yang lebih profesional agar saranan-saranan kepada pengendali institusi itu dapat menghasilkan kebaikan kepada penghuninya. JKM/MCYDS hendaknya bersikap profesional dalam memberi subsidi kepada pengendali-pengendali institusi tersebut dengan memastikan segala prasarana yang diperlukan telah dapat disediakan. Kalau banyak institusi tetapi tidak memenuhi piawai prasana yang ditetapkan, maka yang menjadi mangsa adalah penghuninya.

Melihat tanggungjawab yang sangat penting yang dihadapi JKM/MCYDS, pengkaji ingin memetik sebuah laporan khas dari surat khabar 'Utusan Malaysia' hari Isnin, bertarikh 25 Mei 2009, yang membentangkan masalah 100,000 warga emas terpinggir, katanya:

"Dalam kesibukan mengejar urusan hidup seharian, ramai yang tidak sedar bahawa hampir 100,000 warga emas di negara ini iaitu mereka yang berumur lebih 60 tahun terpinggir dan tidak dipedulikan. Mereka ini bukan sahaja berhadapan dengan pelbagai risiko serangan penyakit tetapi juga turut terdedah kepada kegiatan jenayah terutama samun dan bunuh. Banci Penduduk dan Perumahan yang dilakukan oleh Jabatan Perangkaan Malaysia mendedahkan lebih 95,000 warga emas di negara ini hidup bersendirian.

Daripada jumlah itu, 69 peratus adalah wanita yang kebanyakannya menetap di kawasan luar bandar. Pengarah Institut Gerontologi Universiti Putra Malaysia (UPM), Profesor Madya Tengku Aizan Hamid berkata, golongan warga emas tersebut terpaksa hidup berseorangan di rumah selepas kematian pasangan ataupun bercerai. Katanya, tidak selesa tinggal bersama anak-anak atau dipinggirkan adalah faktor yang menyebabkan warga emas terse but terpaksa meneruskan sisa-sisa hidup berseorangan. Beliau berkata, statistik warga emas tinggal bersendirian tersebut diperolehi hasil bancian yang dilakukan pada tahun 2000. Menurut beliau, berdasarkan aliran penuaan penduduk negara ini yang meningkat dengan pantas setiap tahun secara tidak langsung jumlah warga emas yang tinggal bersendirian turut bertambah kira-kira dua kali ganda.

Menurut beliau, ada juga warga emas tinggal bersendirian kerana masih bujang atau pasangan mereka bertugas di daerah lain. "Keengganan anak-anak menetap bersama atas alasan bekerja juga menyebabkan warga emas terbiar sendiri. "Selain itu terdapat juga warga emas yang tidak mahu tinggal bersama anak-anak atau saudara mara kerana tidak selesa. Mereka lebih rela bersendirian;" katanya semasa ditemui Utusan Malaysia. Menurut beliau, di kalangan warga emas lelaki yang tinggal bersendirian, secara relatifnya mencatatkan peratusan tinggi bagi mereka yang tidak pernah berkahwin iaitu 13 peratus. Apa yang membimbangkan menurut beliau, warga emas yang tinggal bersendirian terdedah dengan ancaman penyakit dan keselamatan. "Kemungkinan untuk mereka diserang penyakit kronik lebih tinggi kerana tiada pengawasan." "Selain itu mereka juga berisiko menjadi mangsa samun, rompak yang boleh meragut nyawa."ujar beliau.

Demikianlah cabaran masa kini JKM/MCYDS perlu berdepan dalam usaha untuk menghalang kemurungan di kalangan warga tua.

5.6   Cadangan Kajian Lanjutan

Diharapkan hasil kajian ini akan dapat dimanfaatkan dan digunakan sebagai asas kepada kajian-kajian yang seumpamanya di masa depan:

i)   Kajian boleh terus mengkaji "Tekanan yang dihadapi para petugas di rumah tumpangan dalam usaha menangani kemurungan warga tua"

ii)   Kajian lanjutan juga boleh menggunakan maklumat demografi ini dengan meluaskan skop kepada keseluruhan populasi di rumah tumpangan tersebut dengan mengambil kira semua bangsa, kaum dan agama.

iii)   Kajian juga boleh dibuat dengan menumpukan kepada "Merawat kemurungan dengan pendekatan kaunseling dan psikoterapi yang pelbagai: Satu kajian mencari terapi yang paling sesuai"

5.7   Penutup

Kebanyakan ibu bapa sanggup berkorban apa sahaja demi memastikan anak-anak mereka mendapat perlindungan dan penjagaan yang terbaik. Namun, nasib yang sama belum tentu diterima ibu bapa. Apabila usia mereka mula meniti senja, mereka dilupakan begitu sahaja. Demikianlah masalah yang dihadapi warga tua di zaman moden ini sehingga akhirnya mereka di tempatkan di *Home for the Aged* seperti di Singapura atau Rumah Seri Kenanga seperti di Malaysia.

Apa yang terbit dari persoalan itu menyebabkan kesan sampingan ke atas warga tua tersebut iaitu penyakit kemurungan. Dan inilah yang sedang dikaji pengkaji bagi mencari huraian serta pendekatan yang sesuai serta bentuk sokongan yang dicita-citakan. Penyakit kemurungan bukanlah penyakit yang dapat diubati dengan cara pesakit biasa tetapi ia memerlukan penglibatan yang lebih dari itu.

Tetapi yang pasti menurut para doktor, antaranya Dr Ng Beng Yeong (2010:52) "kesedihan kemurungan tidak sama dengan kesedihan biasa yang dialami kebanyakan orang. (Kesedihan biasa akan hilang dalam masa dua atau tiga hari tetapi) kesedihan kemurungan boleh berlarutan sehingga selama-lamanya, bergantung kepada individu itu."

Oleh yang demikian, berdasarkan kajian yang dijalankan ini, diharapkan segala dapatan-dapatan kajian yang diperolehi dapat dijadikan sebagai rujukan di samping membolehkan pelbagai pihak yang terlibat secara langsung mempertingkatkan perkhidmatan dan pendekatan mereka bagi mengatasi kemurungan di kalangan warga tua.

RUJUKAN

Al-Hakim. (1978). *Al-Mustadrak Jilid 4 muka surat 306*. Beirut: Darul-Fikri

Allan Young et al. (2005). *A Simple Guide to Depression*. United Kingdom: CSF Medical Communications Ltd

American Psychiatric Association: *Diagnostic and Statistical Manual of Mental Disorders, Fourth* Edition, Text Revision. Washington DC: American Psychiatric Association, 2000

Aminah Haji Noor. (2009). *Kesihatan Mental: Cara Mengenalinya & Menanganinya*. Kuala Lumpur: AlHidayah Publications

Azizi Hj Yahaya, Cathy Suhaila Abdullah, Roslee Ahmad Sharifuddin Ismail. (2006). *Punca Dan Rawatan Kecelaruan Tingkah Laku*. Kuala Lumpur: PTS Professional Publishing Sdn Bhd.

Buckman, Robert. (2006). *Apa Yang Anda Perlu Tahu Tentang Kemurungan*. Kuala Lumpur: Dewan Bahasa & Pustaka.

Chuan Yan Piaw. (2006). *Kaedah Penyelidikan Buku 1*. Kuala Lumpur: McGraw-Hill (Malaysia) Sdn Bhd.

Dadang Hawari. (2001). *Manajemen Stress, Cemas dan Depresi*. Jakarta: Fakulti Pendidikan Universitas Indonesia

David O Moberg. (2001). *Aging and Sprituality*. New York: The Haorth Pastoral Press

Dewan Rakyat, Parlimen Kesebelas, Penggal Keempat Mesyuarat Pertama, Bil. 14 *Rang Undang-Undang Pusat Jagaan (Pindaan) 2006*, Rabu 11 April 2007 dimuat-turun dari www.parlimen.gov.my/files/hindex/pdf/DR-26032007 pada March 1, 2010

Eleanor Yap. (2009). *Menambah Kehidupan Pada Usia! Warga Tua Bahagia, Sihat, Aktif*. Singapura: Kementerian Pembangunan Masyarakat, Belia dan Sukan

Finch, C.E. & Seeman, T.E., (1999). *Stress Theory of Aging. In Santrock, J.W. 2004*. 9ᵗʰ Ed. *Life-Span Development*. US: McGraw Hill

Haralambous, Betty, et al. (2009). *Depression in older age: A scoping study. Final Report, September 2009*. National Ageing Research Institute (NARI): Australia

Hasbi Ashshiddiqi, T.M., Bustami A Gani, H., Muchtar Jahya, H., et al. (1971). *Al-Quran & Terjemahannya.* Jakarta: Yayasan Penterjemah Departmen Agama Republik Indonesia.

Habib Abdullah Haddad. (1998) terjemahan Syed Ahmad Semait. *Peringatan tentang Umur Insan.* Singapura : Pustaka Nasional Pte Ltd

Hornby, Albert Sydney. (2000). *Oxford Fajar Advanced learner's English-Malay dictionary.* Kuala Lumpur : Fajar Bakti Sdn Bhd.

Heidrich, S.M. & Ryff, C.D. (1993). In Berk, L.E. 2001. Development Through the Lifespan. US: Allyn & Bacon

Jabatan Penerangan Malaysia. (2010), Penduduk (Kemaskini :31/07/2009) dimuat-turun dari http://www.statistics.gov.my/portal/index.php, pada 10 March 2010

Jill Manthorpe and Steve Iliffe. (2005). *Depression in Later Life.* London: Jessica Kingsley Publishers.

Ian Stuart Hamilton (2006). *The Pschology of Ageing an Introduction. 4th Edition.* London: Jessica Kingsley Publishers

Lurie, Melvyn (2007). *Depression, Your Questions Answered.* London: Dorling Kindersley Limited

Lofferhans. (2002) Terjemahan Zabidah Ismail. *Ubat-Ubatan Warga Tua.* Kuala Lumpur: Dewan Bahasa dan Pustaka.

Ma'rof Redzuan & Haslinda Abdullah. (2002)). *Psikologi.* Kuala Lumpur: McGraw-Hill (Malaysia) Sdn Bhd.

Mary Ann Mackay. (1988). *Depression Among Older Divorced People.* United States: Projek Sarjana, *College of Nursing, University of Utah.*

Melvyn Lurie (2007). *Depression Your Question Answered.* United Kingdom: Dorling Kindersley Limited.

Mohamed Alfian Harris Bin Omar & Mohamed Sharif Mustaffa. (2006), *Tahap Kestabilan Emosi Pelajar di Sebuah Kolej Kediaman Institusi Pengajian Tinggi Awam: Satu Tinjauan.* Skudai:UTM

Mohamad Jamil Yaacob. (2005). *Mental Sihat OK di rumah, Ok di tempat kerja.* Pahang: PTS Millennia Sdn Bhd.

Mohamad Najib Abdul Ghafar. (2003). *Reka Bentuk Tinjauan Soal Selidik Pendidikan.* Skudai: Universiti Teknologi Malaysia.

122

Mohamad Najib Abdul Ghafar. (1999). *Penyelidikan Pendidikan.* Skudai: Universiti Teknologi Malaysia.

Mohd Nasir Bin Omar. (2005). *Akhlak Dan Kaunseling Islam.* Kuala Lumpur:Utusan Publications & Distributors Sdn Bhd

Mohd Majid Konting. (2005). *Kaedah Penyelidikan Pendidikan.* (Cetakan Ketujuh) Kuala Lumpur: Dewan Bahasa dan Pustaka.

Mohd Sharani Ahmad, Zainal Madon & Mohamad Ibrani Shahrimin Adam Assim. (2003). *Psikologi Pembangunan Manusia.* Kuala Lumpur: McGraw-Hill (Malaysia) Sdn Bhd..

Muhd Mansur Abdullah & Siti Nordinar Mohd Tamin. (2010). *Pengantar Kaunseling edisi kedua.* Kuala Lumpur: Dewan Bahasa dan Pustaka.

Ng Beng Yeong. (2010). *Understanding Depression and its Treatment: A Life of its own.* Singapore: PaperPlay Publication

Norhayati Binti Badarulzaman. (2008). *Kajian Tahap Tekanan Di Kalangan Warga Tua : Kajian Kes Di Rumah Seri Kenangan Bedong. Kursus Sarjana Muda Sains Sosial Dengan Kepujian Dalam Pembangunan Manusia.* Universiti Kebangsaan Malaysia: Bangi

Norahidah Binti Zainal Abidin. (2009). *Tekanan Emosi Dan Corak Penyesuaian Isteri Banduan Dalam Menggendalikan Tekanan Semasa Ketiadaan Syami, Kursus Sarjana Pendidikan (Bimbingan Dan Kaunseling), Universiti Teknologi Malaysia.* Projek Sarjana, Skudai: UTM

Paul Naarding. (2005). *Depression and Cerebrovascular Disease. A phenomenological study.* Rotterdam, The Netherlands: Optima Grafische Communicatie

Patrick Mathiasen and Susan LeVert. (1997). *Late Life Depression.*New York: Dell Publishing

Pfeiffer, Carl, C (1970). *Mental illness : the nutrition connection : how to beat depression, anxiety and schizophrenia, in Patrick Holford(1996) Mental health : the nutrition connection : how to enhance your mental performance and emotional well being.* London : ION Press

Risalah Kementerian Kesihatan Singapura. (2004). *Depression.* Singapura: Kementerian Kesihatan Singapura

Robert T Wood. (1999). *Psychological Problems of Ageing.* Singapore: John Wiley & Sons (Asia) Pte Ltd

Said Abdul Azhim (2008). *Cara Islam Mencegah & Mengubat Gangguan Otak, Stres dan Depresi* (Terjemahan). Jakarta: Qultum Media

See Ching Mey dan Lee Siew Siew (2005). *Kemurungan Di Kalangan Pelajar: Satu Kajian Kes, Jurnal Pendidik dan Pendidikan, Jil. 20, 113–129, 2005.* Pulau Pinang : Universiti Sains Malaysia

Simion Lovestone dan Robert Howard (1996). *Depression in Elderly People.* The Guilford Press: New York

Steven H Zarit and Judy M Zarit (1998). *Mental Dirorders in Older Adults, Fundamentals of assessment and Treatment.* New York: The Guilford Press

Sue Atkinson (2009). *Climbing Out of Depression.* New York: The Penguin Group

Suriah Abdul Rahman & Tengku Aizan Hamri (2003). *Pemakanan Warga Tua.* Kuala Lumpur: Dewan Bahasa dan Pustaka.

Teuku Iskandar (2007). *Kamus Dewan Edisi Keempat.* Kuala Lumpur: Dewan Bahasa dan Pustaka.

Yusuf Qardhawi (2008). *Nilai & Pengurusan Waktu Dalam Hidup Seorang Muslim.* Kuala Lumpur: Pustaka Al-Shafa Sdn Bhd.

Zaidatun Tasir & Mohd Salleh Abu (2003). *Analisis Data Berkomputer SPSS 11.5 for Windows.* Kuala Lumpur: Venton Publishing (M) Sdn Bhd

Zung, William W. K.(1964) *A Self-Rating Depression Scale.* Archieves of General Psychiatry pg. 65-69, Vol 12 Jan 1965. dimuat-turun dari *www.archgenpsychiatry.com , pada March 13, 2010*

Keratan Surat Khabar
100,000 warga emas terpinggir. (2009, Mei 25). Utusan Malaysia, p.1.

SESI TEMUBUAL ANTARA PENGKAJI DAN WARGA (SUBJEK)

Tarikh   : 25 September 2010 (Sabtu)

Masa   : 10.30 pagi — 11.30 pagi (1 jam)

Mangsa   : Warga Pertama (W1)

Pengkaji : (P)

P: Assalamu alaikum wr wb, Selamat Hari Raya Eidul Fitri. Abang, sebelum saya mengemukakan beberapa soalan kepada abang, saya ingin tanya samada abang masih ingat saya semasa saya bertemu abang pada bulan April lalu.

W1: Ingat juga kepada tuan.

P: Sebelum saya mengemukakan beberapa soalan kepada abang, saya ingin menerangkan serba sedikit tentang kajian yang saya jalankan ini. Selepas bertemu dengan abang pada bulan April lalu, hasil daripada jawapan yang abang berikan dalam soal-selidik itu, saya dapati abang berada di tahap kemurungan yang tinggi. Maka dalam kajian. yang selanjutnya ini, saya ingin mengetahui tentang perasaan yang abang alami sepanjang berada di rumah tumpangan ini, termasuk kesan emosi ke atas diri abang dan juga sokongan-sokongan yang abang perolehi ketika berada di rumah tumpangan ini. Semoga sesi temubual yang diadakan bersama abang diharapkan sedikit sebanyak dapat membantu saya dalam menjayakan lagi kajian yang dijalankan ini.

P: Boleh saya mulakan sekarang sesi temubual ini. Apakah abang sudah bersedia?

W1 : Baiklah, saya sudah bersedia

P: Boleh saya tahu bagaimanakah abang boleh sampai berada di rumah tumpangan ini?

W1 : Saya telah di hantar oleh anak-anak saya ke sini.

P: Apa yang menyebabkan mereka hantar abang ke sini?

W1 : Saya rasa malu nak ceritakan nasib saya ini. Saya sedih kenangkan diri saya yang malang ini. Apakan tidak! Saya mempunyai enam orang anak, dua lelaki dan empat perempuan. Semua tak sanggup nak jaga saya. Sedih saya kenangkan perbuatan mereka.

P: Boleh saya tahu bagaimana dengan isteri abang pula samada masih ada dan anak-anak abang semua sudah dewasa?

Wl :   Isteri saya masih ada. Dia lumpuh di jaga oleh anak perempuan saya yang bongsu. Kedua-dua anak lelaki saya sudah berumur 40 tahu lebih dah berkahwin dan dah ada anak. Mereka dah bercerai sebab mereka masuk pusat pemulihan dadah dan akhirnya di penjara. Semasa saya di hantar anak saya ke sini, mereka masih dalam penjara. Anak perempuan yang lagi tiga orang juga dah kahwin dan bekeluarga. Oleh kerana semua tidak sanggup nak jaga saya, maka akhirnya saya di hantar ke sini

P: Tetapi apakah mereka sanggup pisahkan abang daripada isteri abang, ayah dan ibu mereka?

Wl :   Ya, saya juga sedih mengenangkan keadaaan itu berlaku. Saya masih sayangkan isteri saya...(menangis..warga terus menangis).

P: (sambil memberikan tisu) Adakah abang masih boleh untuk meneruskan sesi temubual ini atau kita teruskan di pertemuan lain?

Wl :   Saya ok, saya boleh teruskan sesi temubual ini.

P: Baiklah. Boleh saya tahu seterusnya apa yang berlaku?

Wl :   Ya, sebenarnya sebelum saya ke sini saya tinggal dengan anak bongsu saya bersama dengan isteri saya juga. Anak perempuan saya yang menjaga kami bersama suami dan tiga orang anak mereka yang masih kecil. Saya dengan keadaan saya yang sebelah mata buta kerana terluka lama dahulu dan tempang sebelah kaki di rawat isteri saya yang lapan tahun lebih muda dari saya. Isteri saya yang juga yang menguruskan tiga cucu dia sedangkan anak perempuan saya pergi ke kerja bersama suaminya. Tetapi nasib kami tidak baik, isteri saya semasa pulang selepas hantar cucnya ke sekolah telah terlibat dengan kemalangan semasa menyeberang jalan sehingga lumpuh. Semua berlaku sekelip mata. Anak saya terpaksa berhenti kerja dan menjaga anak-anaknya dan ibunya yang lumpuh setelah kembali dari hospital. Kesemua anak saya yang lain dan suami mereka bukanlah berpendapatan tinggi, semua cukup-cukup makan aje. Oleh kerana, keadaan yang mendesak, akhirnya anak bongsu saya setelah berbincang dengan suaminya, sebab tiada kakak-kakak yang sanggup jaga saya, maka mereka telah mohon kepada MCYDS untuk menempatkan saya pada di rumah tumpangan ini.

P: Oh begitu? Menurut catitan, abang sudah lima tahun di sini, jadi bagaimana perasaan abang dan bagaimana abang dapat sesuaikan diri abang di sini.?

Wl : Pada mulanya saya rasa amat sedih kerana terpaksa berpisah dengan isteri saya yang telah lebih lima puluh tahun berkahwin dengan saya. Saya dah tak pandang anak-anak saya lagi. Yang saya ingat hanyalah isteri saya. Saya tahu saya dah tak mampu nak tanggung lagi dan tak dapat bergurau dengannya lagi. Lagi pun salah saya kerana tidak dapat memberi pendidikan yang baik kepada anak-anak saya sebab saya hanya seorang kuli biasa. Tapi selepas berada di sini, pada mulanya saya hanya memencilkan diri saya kerana malu dengan keadaan saya. Tetapi selepas dua atau tiga minggu, dengan bantuan ustaz melalui kelas agama setiap minggu, para kaunselor yang membimbing saya, doktor yang memerhatikan kesihatan saya serta tuan pengurus yang mudah didekati, saya mula sedar bahawa ada orang di sini yang lebih buruk nasibnya daripada saya.

P: Boleh abang ceritakan keadaan isteri dan apakah anak-anak abang datang melawat abang?

Wl : Alhamdulillah, sekarang isteri saya dah boleh makan dan bercakap dengan baik hanya masih di atas kereta roda sebab kedua kaki ibu masih lemah dan masih menjalani terapi Anak saya telah bawa saya untuk pulang ke rumah selama dua pada hari raya lalu. Selepas mendapat izin daripada tuan pengurus rumah ini. Saya sangat gembira bersama dengan isteri saya. Selepas itu, saya dihantar kembali ke rumah tumpangan ini. Terubat juga hati saya ini ketika dapat bersama isteri. Semasa saya di sini, anak-anak perempuan saya datang jenggok saya sebulan sekali. Kedua-dua anak lelaki sampai sekarang belum kembali ke rumah adiknya, mungkin malu dan tidak tahu mereka ke mana.

P: Jadi sekarang abang dah dapat maafkan anak-anak abanglah?

Wl : Boleh dikatakan begitu, sebab mereka juga telah mohon maaf dari saya dan menjelaskan alasan mereka terpaksa berbuat demikian. Mereka berjanji kalau ibu telah pulih, mereka akan usahakan untuk dapat hidup sekeluarg seperti dahulu.

P: Boleh saya tahu, adakah keadaan abang sekarang sudah kembali normal?

W1: Saya sebenarnya berharap saya dapat balik ke pangkuan isteri dan anak-anak saya walaupun keadaan tidak mengizinkan. Saya juga berharap kedua anak lelaki saya dapat menjadi manusia insaf dan kembali ke pangkuan keluarga dan masyarakat. Sebenarnya semasa mereka 'sedar' dahulu, mereka banyak membantu saya tetapi saya pun tidak faham bagaimana mereka boleh terlibat dengan dadah. Apa yang pasti saya agak lega sebab saya dengar mereka dah keluar daripada penjara

P: Jadi apa yang saya boleh rumuskan sekarang adalah abang masih lagi teringatkan peristiwa tersebut cuma keadaan abang sekarang semakin bertambah baik dan kurang tertekan.

W1: Ya, ini semua berkat bantuan dan sokongan semua staff serta tuan pengurus, doktor dan juga para Ustaz. Begitu juga beberapa teman penduduk banyak membantu saya selama di rumah tumpangan ini.

P: Baiklah, saya rasa maklumat yang saya perolehi sudah memadai dengan kajian yang saya jalankan dan saya ingin mengucapkan ribuan terima kasih kerana sudi untuk berkongsi pengalaman pahit yang abang lalu. Di sini saya juga ingin menyatakan bahawa segala maklumat yang diperolehi akan dijadikan rujukan dalam kajian saya dan maklumat peribadi abang akan dirahsiakan.

W l: Sama-sama. Saya juga mengucapkan terima kasih kerana sudi untuk melawat dan berbual-bual dengan saya.

Tarikh	: 26 September 2010 (Ahad)
Masa	: 2.00 petang - 3.00 petang (1 jam)
Mangsa	: Warga Kedua (W2)
Pengkaji	: (P)

P: Assalamu alaikum wr wb. Selamat Hari Raya kepada kakak.

W2: Waalaikum salam, selamat hari raya.

P: Baiklah, sebelum saya mengemukakan beberapa soalan kepada kakak, saya ingin tanya samada kakak masih ingat saya semasa saya bertemu kakak pada bulan Mei lalu.

W2: Entahlah, saya tak ingat. Maklumlah mata saya tak nampak.

P: Sebelum saya mengemukakan beberapa soalan kepada kakak, saya ingin menerangkan serba sedikit tentang kajian yang saya jalankan ini. Selepas bertemu dengan kakak pada bulan Mei lalu, hasil daripada jawapan yang kakak berikan dalam soal-selidik itu, saya dapati kakak berada di tahap kemurungan yang sederhana. Maka dalam kajian yang selanjutnya ini, saya ingin mengetahui tentang perasaan yang kakak alami sepanjang berada di rumah tumpangan ini, termasuk kesan emosi ke atas diri kakak dan juga sokongan-sokongan yang kakak perolehi ketika berada di rumah tumpangan ini. Semoga sesi temubual yang diadakan bersama kakak diharapkan sedikit sebanyak dapat membantu saya dalam menjayakan lagi kajian yang dijalankan ini.

P: Boleh saya mulakan sekarang sesi temubual ini. Apakah kakak sudah bersedia?

W2 : Oh ya, saya sudah bersedia.

P: Boleh saya tahu bagaimanakah kakak boleh sampai berada di rumah tumpangan ini?

W2 : Saya telah di pungut oleh Jabatan Kebajikan Masyarakat kerana tidur di bawah kolong flat.

P: Apa yang menyebabkan kakak tidur di situ?

W2 : Saya tidur di situ sebab saya dah tidak ada rumah. Setiap hari, saya akan cari tempat bawah kolong flat untuk tidur.

P: Boleh saya tahu kenapa kakak cakap tiada rumah? Apa yang terjadi kepada keluarga kakak?

W2 : Ketika ibu bapa saya meninggal, saya masih anak dara lagi dan saya di pelihara oleh mak saudara saya seorang janda tiada anak. Kerja dia setiap hari mengutip barang-barang buangan di merata tempat untuk di jual atau yang dipanggil karung-guni. Kemudian dia pergi bantu basuh pinggan di warung makan semasa saya tinggal dengan dia. Waktu ibu bapa saya masih ada pun, begitu. Mereka bertiga buat kerja yang sama jadi karung-guni. Saya tidak dihantar ke sekolah sebab mereka tidak mampu. Kami tinggal di rumah sewa satu bilik. Mak saudara tinggal berdekatan unit flat kami. Saya hanya tahu saya seorang sahaja tidak ada adik beradik lain.

P: Jadi, kakak tinggal dengan mak saudara sampai kakak di bawa ke sini?

W2 : Ya, saya tinggal dengan dia sampai dia menghembuskan nafas dia yang terakhir. Saya ingat lagi semasa dia sakit selepas balik cari barangan, saya terpaksa keluar minta jiran tolong panggil ambulans. Tetapi sampai sahaja di hospital, dia meninggal. Saya tidak tahu nak buat apa. Nasib baik ada jiran dan jawatankuasa masjid bantu uruskan jenazahnya untuk dikebumikan. Saya mana ada duit. Saya sedih mengenangkan keadaaan itu berlaku. Saya sayangkannya sebab dia dah jaga saya yang mata rabun ini...(warga menangis).

P: (sambil memberikan tisu) Adakah kakak masih boleh untuk meneruskan sesi temubual ini atau kita teruskan di pertemuan lain?

W2 : Ya, saya ok, tidak mengapa kita teruskan sesi temubual ini.

P: Baiklah. Boleh saya tahu kenapa mata kakak rabun begitu, apa yang berlaku?

W2 : Sebenarnya, saya rabun sejak lahir lagi. Oleh kerana itu, ibubapa saya tidak mampu hendak hantar saya ke sekolah orang buta.

P: Oh begitu! Tapi bagaimana kakak boleh tinggal bawah kolong flat?

W2 : Pada mulanya saya tinggal di rumah sewa mak saudara saya. Tapi kerana takut saya tak mampu bayar sewa sebab tiada siapa yang bantu, saya telah berjalan keluar dengan sedikit barang saya. Dengan bekalan duit sedikit yang saya ada, saya telah keluar dari rumah saya di Boon Lay dengan menumpang berbagai kenderaan untuk ke Geylang Serai.

P: Kenapa kakak pilih untuk ke Geylang Serai?

W2: Saya pernah dengar mak saudara saya sebut, saya ada sepupu di Geylang Serai, jadi saya pergilah ke sana, mana tahu sepupu saya kenal saya.

P: Tapi kan kakak tidak nampak, macam mana kakak nak kenal sepupu kakak?

W2 : Entahlah, saya cuma fikir tentu sepupu saya kenal saya kalau dia jumpa saya. Rasanya tidak lama, sebab kakak duduk mengemis dan tidur dekat dengan pasar

P: Tidak ada orang ke yang bantu kakak semasa di situ?

W2: Ada juga yang tanya saya duduk di mana, tetapi saya tidak cakap hanya minta beri sedikit wang untuk makan. Semasa mula sampai di Geylang Serai situ, saya minta orang bantu hantar dekat dengan pasar dan tandas. Jadi setiap hari saya hanya berjalan di sekitar itu sahaja sampailah tertangkap.

P: Apa maksud kakak tertangkap?.

W2: Ya akhirnya saya dicekup oleh pegawai Jabatan Kebajikan Masyarakat yang membawa saya ke dalam van mereka beserta beberapa orang lain yang mengemis. Macam-macamlah saya kena tanya ini dan itu, saya jawablah macam tuan tanya. Saya ceritakanlah mereka apa yang terjadi. Akhirnya saya ditempatkan di rumah tumpangan ini yang ketika itu bukan di sini semasa lima belas tahun lalu.

P: Sebelum saya lanjutkan soalan mengenai kedudukan kakak di sini, boleh saya tahu, semasa kakak jawab soal selidik kenapa kakak nyatakan "kakak sentiasa sedih" serta "mengganggap diri tidak berguna lagi"?

W2: Saya sebenarnya begitu sedih melihat nasib saya ditimpa musibah dari satu masalah kepada masalah yang lain. Tidak pernah sekalipun dalam hidup saya ini saya dapat rasa kebahagiaan hidup. Dengan kecacatan yang saya miliki, kemiskinan hidup dan kekurangan ilmu dunia dan akhirat kerana tidak mampu untuk mendapatkannya, dengan kegelapan mata saya, tersangatlah hina saya rasakan diri ini. Sebenarnya setiap hari saya menangis mengenangkan hari-hari tua saya ini. Saya rasa apalah guna saya lama di dunia ini. Kalau bukan kerana bekalan agama yang Ustazah ajar saya di sini, saya mahu sahaja mohon agar Tuhan ambil nyawa saya. Tetapi saya tahu Tuhan Maha Mengetahui (warga bergelinangan air mata sambil berkata-kata)

P: Saya sangat terharu mendengar cerita kakak ini dan berdoa agar kakak bersabar dalam dugaan hidup ini. Boleh saya tahu, sepanjang kakak berada dalam situasi tersebut, siapakah yang banyak memberi sokongan serta kekuatan untuk kakak menjalani kehidupan seterusnya?

W2: Sebenarnya staff rumah tumpangan ini banyak membantu saya menjadikan saya lebih bertawakkal kepadaNya, pembantu di sini semua bersedia membantu saya apabila saya memerlukan. Orang pejabat juga ada memberikan khidmat kaunseling walaupun pada mulanya sukar untuk saya lupakan kehidupan saya yang menderita itu. Tetapi setelah saya berada lama di rumah tumpangan ini sedikit sebanyak dapat mengurangkan kesedihan yang saya alami. Saya sedapat mungkin cuba menghiburkan diri saya. Saya juga bersyukur kerana rumah ini telah menyediakan keperluan harian saya, saya tidak perlu takut seperti semasa saya sendirian dahulu.

P: Boleh saya tahu, adakah keadaan kakak sekarang sudah kembali normal?

W2: Secara jujurnya kenangan lama hidup selama hampir empat puluh tahun dalam kemiskinan dan kegelapan masih lagi ada di fikiran saya dan agak sukar untuk dilupakan tetapi tekanan yang saya alami tidak seperti dahulu. Sekarang saya masih boleh fikir secara normal.

P: Jadi apa yang saya boleh rumuskan sekarang adalah kakak masih lagi teringatkan peristiwa tersebut cuma keadaan kakak sekarang semakin bertambah baik dan kurang tertekan.

W2: Ya, berkat bantuan semua staff, lebih-lebih tuan pengurus, ustaz dan ustazah di rumah tumpangan ini.

P. Baiklah, saya rasa maklumat yang saya perolehi sudah memadai dengan kajian yang saya jalankan dan saya ingin mengucapkan ribuan terima kasih kerana sudi untuk berkongsi pengalaman pahit yang kakak lalui. Di sini saya juga ingin menyatakan bahawa segala maklumat yang diperolehi akan dijadikan rujukan dalam kajian saya dan maklumat peribadi kakak akan dirahsiakan

W2: Sama-sama. Saya juga mengucapkan terima kasih kerana sudi untuk berbual-bual dengan saya.

Tarikh	: 9 Oktober 2010 (Sabtu)
Masa	: 10.30 pagi - 11.30 pagi (1 jam)
Mangsa	: Warga Ketiga (W3)
Pengkaji	: (P)

P: Assalamu alaikum wr wb, sebelum saya mengemukakan beberapa soalan kepada abang, saya ingin tanya samada abang masih ingat saya semasa saya bertemu abang pada bulan Jun lalu.

W3: Entah, tak berapa ingat!

P: Baiklah tidak mengapa, tetapi hari ini sebelum saya mengemukakan beberapa soalan kepada abang, saya ingin menerangkan serba sedikit tentang kajian yang saya jalankan ini. Selepas bertemu dengan abang pada bulan April lalu, hasil daripada jawapan yang abang berikan dalam soal-selidik itu, saya dapati abang berada di tahap kemurungan yang tinggi. Maka dalam kajian. yang selanjutnya ini, saya ingin mengetahui tentang perasaan yang abang alami sepanjang berada di rumah tumpangan ini, termasuki kesan emosi ke atas diri abang dan juga sokongan-sokongan yang abang perolehi ketika berada di rumah tumpangan ini. Semoga sesi temubual yang diadakan bersama abang diharapkan sedikit sebanyak dapat membantu saya dalam menjayakan lagi kajian yang dijalankan ini.

P: Boleh saya mulakan sekarang sesi temubual ini. Apakah abang sudah bersedia?

W3: Ya.. boleh, saya sudah bersedia

P: Boleh saya tahu bagaimanakah abang boleh sampai berada di rumah tumpangan ini?

W3: Sebelum saya ke sini, saya tinggal dengan kakak saya di rumah *flat* di Bedok. ..ya kakak saya, yang selalu saya ingat sampai sekarang..Dialah yang menjaga saya semasa saya sakit…saya jadi lumpuh selepas terjatuh ketika bekerja di kawasan binaan rumah…(diam lama....air mata berlinang).

P: Boleh saya tahu apa yang terjadi di kawasan binaan itu?

W3: Ya, ya, saya masih ingat itu, rasanya sukar untuk melupakan tragedi tersebut, walaupun dah 20 tahun lebih. Saya sedih mengenangkan nasib diri saya. Saya terjatuh semasa memanjat jeriji besi kren ke atas…saya ingat lagi sebab saya nak ambil bungkusan makanan saya di kabin kren, sebab kawan-kawan semua makan di bawah. Saya tergelincir lalu jatuh ke bawah... itu yang saya ingat ..selepas sedar dah ada di hospital.

P: Abang kerja sebagai apa di kawasan binaan itu?

W3: Saya pemandu kren tinggi. Itulah gara-gara saya nak panjat ke kabin kren saya lalu saya terjatuh

P: Abang sebut 'kakak'. Boleh saya tahu dia kakak abang?

W3: Ya, dia kakak saya betul tapi dia dah tiada...(menangis..responden terus menangis)

P: (sambil memberikan tisu) (pengkaji memegang bahu responden sambil mengatakan agar bersabar, semoga ruhnya di rahmati Allah). Adakah abang masih boleh untuk meneruskan sesi temubual ini atau kita teruskan di pertemuan akan datang?

W3: Tidak mengapa, saya boleh teruskan sesi temubual ini.

P: Baiklah. Boleh saya tahu seterusnya apa yang berlaku?

W3: Ya, selepas keluar hospital, saya di bawa balik ke rumah kakak saya. Kakak saya itu rapat dengan saya sebab umur kami setahun je beza. Dia dah berkahwin, tetapi suami dia juga teman saya, jadi suami dia kasihankan saya, pasal itu dia tak kisah kalau kakak jaga saya. Saya jadi lumpuh sampai sekarang ini.

P: Oh begitu? Boleh saya tahu siapa yang biaya rawatan abang ketika itu?

W3: Biaya hospital, *boss company* saya bekerja yang bayar dan ada juga pampasan dan sedikit duit insurans. Tetapi semua itu saya minta kakak saya uruskan dan guna wang itu sebab dia yang uruskan saya. Sebab dia pun makin tua macam saya maka di ambil pembantu untuk bantu dia jaga saya. Yalah.. dia pun ada keluarga ada dua orang anak dan suami.

P: Boleh abang ceritakan sedikit mengenai latar belakang keluarga abang?

W3: Saya mempunyai tiga orang adik beradik dan saya merupakan anak bongsu. Selepas kakak dan abang berkahwin saya yang tinggal tinggal bersama ayah dan ibu sebab saya tidak berkahwin lagi. Tetapi semasa saya umur empat puluh tahun, ayah dan ibu meninggal dunia...mula ayah meninggal kemudian tiga bulan selepas itu ayah meninggal.

P: Wah bagus abang masih ingat semua itu? Selepas itu abang tinggal di mana dan dengan siapa?

W3: Ya, saya masih ingat..selepas itu rumah flat yang atas nama ayah di desak abang sulung supaya di jual. Selepas itu saya tinggal di rumah sewa sendiri, kadang di kuates binaan sehinggalah berlarutan hingga terjadi peristiwa itu.

P: Maksudnya abang tidak berkahwin?

W3: Ya, saya tidak berkahwin, saya banyak habiskan masa berfoya-foya, itulah sebabnya saya dapat balasan Tuhan sehingga saya menjadi begini dan saya dah insaf... betul saya insaf dan menyesal.

P: Jadi bagaimana abang boleh dihantar ke Jabatan Kebajikan Masyarakat?

W3: Semuanya berlaku selepas kakak saya meninggal. Oh kakak mengapa kau pergi meninggalkan saya! Warga merintih sedih..sambil menitis air mata lagi.

P: (sambil memberikan tisu) .. abang ok ke ? Boleh abang teruskan lagi?

W3: Ya baiklah, sebenarnya kakak saya meninggal bersama suaminya dalam kemalangan semasa pulang dari Seremban. Dia ajak saya pergi kalau saya nak ikut sebab nak pergi rumah kahwin pakcik (adik ibu) yang kawinkan anak lelaki dia di kampung. Tapi sebab saya tidak berapa sehat hari itu dan lagipun tidak mahu menyusahkan dia, maka saya suruh dia pergi aje. Dia pergi berempat, tinggal saya dan pembantu rumah. Selepas empat hari saya dapat berita bahawa kakak saya meninggal melalui keluarga suaminya kerana kemalangan. Saya diberitahu kedua anak dia dapat diselamatkan tetapi dia dan suaminya meninggal selepas dua hari di Hospital (sambil menitis air mata) lagi.

P: Oh begitu, sabarlah ya abang, selepas itu abang bagaimana pula?

W3: Selang sebulan rasanya selepas itu, keluarga suami kakak beritahu saya, mereka terpaksa hantar saya ke rumah tumpangan memandangkan mereka perlu menjaga kedua anak kakak saya. Saya hanya berdiam diri dan menangis sahaja ketika itu. Saya merasakan diri saya tidak berguna lagi. Saya sedar saya bukan merupakan orang yang sempurna lagi. Saya sedar yang saya ini tiada saudara lagi. Maka selepas itu saya di hantar ke rumah tumpangan ini, yang ketika itu berada di tempat lain, tak ingat saya.

P: Boleh saya tahu, adakah keadaan abang sekarang sudah kembali normal?

W3: Secara jujurnya kenangan pahit itu masih lagi ada di fikiran saya dan agak sukar untuk dilupakan. Sejak berpindah ke sini sehingga sekarang, saya sering bermimpi kakak saya dan kampung walaupun dah lebih sepuluh tahun saya di sini. Saya kerap terbangun malam kerana mimpi itu.

P: Boleh saya tahu, kenapa abang ingat pasal kampung? Siapa ada di sana?

W3: Sebab saya dengar abang saya berada di kampung semasa kakak saya meninggal. Juga saya dapat melawat kubur kakak di Seremban. Tapi tuan pengurus rumah ini tidak benarkan saya pergi. Saya tahu dia memang ambil berat keselamatan diri saya.......tak mengapalah...Cuma saya sedih mengenangkannya! ... .sambil menitis air mata lagi.

P: Selepas dapat penjelasan tuan pengurus, apakah yang saya boleh rumuskan sekarang abang masih lagi teringatkan kenangan dan peristiwa tersebut cuma keadaan abang sekarang tidaklah begitu tertekan sangat?

W3: Ya

P: Boleh saya tanya, sepanjang abang di rumah tumpangan ini siapakah yang banyak memberikan sokongan moral mengatasi masalah tersebut?

W3: Kaki tangan dan pengurus rumah ini telah menyediakan tempat perlindungan yang selesa untuk saya meneruskan kehidupan yang lebih aman. Ada *nurse*, ada doktor dan tuan pengurus yang selalu memberi perhatian. Terima kasih saya kepada mereka. Cuma apabila saya bersendirian seperti saya katakan tadi, saya sering bermimpi kakak dan masih berhasrat untuk dapat pulang ke kampung.

P: Baiklah, saya rasa maklumat yang saya perolehi sudah memadai dengan kajian yang saya jalankan dan saya ingin mengucapkan ribuan terima kasih kerana abang sudi untuk berkongsi pengalaman lalu. Di sini saya juga ingin menyatakan bahawa segala maklumat yang diperolehi akan dijadikan rujukan dalam kajian saya dan maklumat peribadi anda akan dirahsiakan.

W3: Sama-sama. Terima kasih kerana sudi melawat dan berbual-bual dengan saya.

Tarikh   : 10 Oktober 2010 (Ahad)

Masa   : 2.00 petang - 3.00 petang (1 jam)

Mangsa   : Warga Keempat (W4)

Pengkaji : (P)

P: Assalamu alaikum wr wb, sebelum saya mengemukakan beberapa soalan kepada abang, saya ingin menerangkan serba sedikit tentang kajian yang saya jalankan ini. Selepas bertemu dengan abang pada bulan Jun lalu, hasil daripada jawapan yang abang berikan dalam soal-selidik itu, saya dapati abang berada di tahap kemurungan yang sederhana. Maka dalam kajian. yang selanjutnya ini, saya ingin mengetahui tentang perasaan yang abang alami sepanjang berada di rumah tumpangan ini, termasuk kesan emosi ke atas diri abang dan juga sokongan-sokongan yang abang perolehi ketika berada di rumah tumpangan ini. Semoga sesi temubual yang diadakan bersama abang diharapkan sedikit sebanyak dapat membantu saya dalam menjayakan lagi kajian yang dijalankan ini.

P: Boleh saya mulakan sekarang sesi temubual ini. Apakah abang sudah bersedia?

W4: Baiklah, saya sudah bersedia

P: Boleh saya tahu bagaimanakah abang boleh sampai berada di rumah tumpangan ini?

W4: Sebenarnya saya yang setuju ke sini setelah berunding dengan anak-anak saya dan juga menantu saya.

P: Apa yang menyebabkan abang setuju ke sini?

W4: Sebenarnya sejak kepergian isteri, saya selalu merasa sedih mengenangkan isteri sehingga saya jatuh sakit. Ketika itu saya tinggal dengan anak lelaki sulung saya. Menantu saya dan anak saya ini yang selalu memantau saya semasa saya di hospital sehingga saya kembali ke rumah. Malangnya, menantu saya itu, tiba-tiba jatuh sakit. Dia mengidap penyakit kanser payu dara. Oleh kerana saya tidak selesa dengan menantu lain dan juga tidak mahu menyusahkan anak-anak perempuan saya, saya tetap dengan pendirian saya.

P: Sebenarnya berapa anak-anak abang?

W4: Saya mempunyai sembilan orang anak, empat lelaki dan lima perempuan. Semuanya sudah berkahwin dan ada anak. Saya tinggal dengan anak-anak saya yang lain sejak dahulu lagi di flat 5 bilik kami di Tampines. Selepas semua berkahwin, tinggallah saya dengan isteri dan anak sulung dengan isteri dan anaknya tiga orang. Cucu saya itu baru berumur lima, enam dan sembilan tahun.

P: Anak-anak abang tidak membantah ke?

W4: Pada awalnya semua membantah, tetapi setelah saya jelaskan niat saya dan kesedihan yang saya tanggung, maka mereka reda dengan keputusan saya.

P: Apa pula kata anak lelaki abang yang sulung dan menantu?

W4: Mereka berdua tidak setuju. Sebab takut tiada siapa yang akan perhatikan saya di sini. Saya masih sayangkan anak, menantu dan cucu-cucu saya....tapi saya kasihan dengan nasib mereka......(menangis..warga terus menangis).

P: (sambil memberikan tisu) Adakah abang masih boleh untuk meneruskan sesi temubual ini atau kita teruskan di pertemuan lain?

W4: Ya, saya boleh teruskan sesi temubual ini.

P: Baiklah. Boleh saya tahu seterusnya apa yang berlaku?

W4: Anak sulung saya berjanji apabila isterinya pulih sepenuhnya, dia mahu saya balik ke rumah. Lagipun cucu-cucu saya ada untuk jaga saya katanya. Oleh kerana mata saya rabun dan badan saya yang besar ini, saya tidak mahu menyusahkannya, walaupun sebenarnya, saya rindukan cucu saya yang saya dan isteri jaga sejak mereka merah lagi.

P: Oh begitu? Menurut catitan abang sudah lima tahun di sini, jadi bagaimana perasaan abang dan bagaimana abang dapat sesuaikan diri abang di sini.?

W4: Pada mulanya saya rasa amat sedih kerana berpisah dengan anak-anak dan cucu-cucu saya. Kerana sebenarnya saya cuba menyembunyikan kesedihan hati saya kerana kehilangan isteri saya yang saya sayangi! Saya mahu menyendiri. Diam tak diam dah hampir enam tahun saya di sini.

P: Boleh abang ceritakan keadaan samada anak-anak abang datang melawat abang?

W4 : Alhamdulillah, setiap minggu pada setiap hari Jumaat tengahari saya akan di bawa pulang untuk bersolat Jumaat kemudian di bawa pulang ke rumah anak sulung atau ke rumah anak perempuan bongsu saya dan harus kembali ke rumah ini pada hari Ahad jam 12 tengahari. Anak-anak saya yang merancang dan berbincang dengan pihak pengurusan rumah ini.

P: Jadi sekarang abang dah sedia pulang ke pangkuan anak-anak abang?

W4 : Sejak kebelakangan ini, sebenarnya saya sangat merindui anak-anak dan cucu-cucu saya sehingga bermimpi akan mereka. Nantilah, insyaallah, jika menantu saya itu sihat, saya akan pulang.

P: Kenapa abang sentiasa sebut atau pilih menantu abang yang dari anak sulung? Abang juga ada anak perempuan dan anak menantu yang lain?

W4 : Menantu saya ini adalah pilihan isteri saya dan semua yang dilakukan memasak makanan dan sediakan minuman saya, persis sama dengan isteri saya. Saya sedih bila dia juga tiada dan di rawat di hospital. Tetapi saya sedar perkara itu sekarang dan sudah dapat menerima seadanya.

P: Jadi adakah keadaan abang sekarang sudah kembali normal?

W4: Ya, boleh dikatakan begitu

P: Jadi apa yang saya boleh rumuskan sekarang adalah sekali sekala masih teringatkan peristiwa perpisahan tersebut cuma keadaan abang sekarang semakin bertambah baik dan kurang tertekan.

W4: Ya, berkat bantuan semua staff, para ustaz dan kawan rapat penduduk di rumah tumpangan ini. Begitu juga anak lelaki saya juga memberi perangsang serta dia sering beritahu saya yang dia senantiasa mendoakan kebaikan saya.

P. Baiklah, saya rasa maklumat yang saya perolehi sudah memadai dengan kajian yang saya jalankan dan saya ingin mengucapkan ribuan terima kasih kerana sudi untuk berkongsi pengalaman pahit yang abang lalui. Di sini saya juga ingin menyatakan bahawa segala maklumat yang diperolehi akan dijadikan rujukan dalam kajian saya dan maklumat peribadi abang akan dirahsiakan.

W 4: Sama-sama. Saya juga mengucapkan terima kasih kerana sudi untuk melawat dan berbual-bual dengan saya.

139

Lampiran A

KAJIAN No: ____
UNIVERSITI TEKNOLOGI MALAYSIA
FAKULTI PENDIDIKAN (BIMBINGAN DAN KAUNSELING)

KAJIAN KEMURUNGAN DI KALANGAN WARGA TUA
BAHAGIAN A : MAKLUMAT DIRI

1. Jantina :
   Lelaki
   Perempuan

2. Umur :
   50-60 tahun
   61-69 tahun
   70 tahun ke atas

3. Bangsa :
   Melayu
   Cina
   India
   Lain-lain:_____ (nyatakan)

4. Status perkahwinan :
   Berkahwin
   Tidak pernah berkahwin
   Duda / janda

5. Bilangan anak :
   Tiada
   Seorang
   2-4 orang
   5 orang ke atas

6. Tahap pendidikan :
   Tidak pernah bersekolah
   Sekolah rendah
   Sekolah menengah
   Maktab / universiti
   Lain-lain:_____(nyatakan)

7. Pekerjaan :
   Pernah bekerja
   Tidak pernah bekerja

8. Tempoh menghuni Darul Takrim:
   Bawah 2 tahun
   2-5 tahun
   5 tahun ke atas

9. Kecacatan :
   Ada
   Tiada
   Nyatakan sekiranya ada:
   _____

10. Agama : **Islam**
    (Lain-lain : Tiada.
    Kajian untuk warga tua yang
    beragama Islam sahaja)

Lampiran B

SKALA ANGGARAN SENDIRI ZUNG (SELF-RATING SCALE)

Soal Selidik Zung ini merupakan maklum-balas berguna bagi mendiagnosis kemurungan.

Ia bukan digunakan bagi menggantikan temu-janji dengan seorang doktor:

Nama Responden   : _____

Tarikh Penilaian   : _____

Sila baca setiap pernyataan di bawah dan jelaskan berapa banyak masa pernyataan itu menggambarkan keadaan anda sepanjang minggu yang lalu. Jangan mengambil masa yang lama untuk menjawab mana-mana kenyataan.

Tandakan (✓) pada ruang yang sesuai	Jarang-jarang	Kadang kala	Kerap	Sentiasa
1. Saya rasa duka dan tidak keruan.				
2. Pagi masa saya yang terbaik.				
3. Saya dihantui rasa ingin menangis.				
4. Saya mengalami masalah tidur di malam hari.				
5. Saya makan dengan banyak.				
6. Saya gemar melakukan hubungan seks.				
7. Saya merasai pengurungan berat badan.				
8. Saya menghadapi masalah sembelit.				
9. Hati saya berdegup dengan cepat.				
10. Saya lelah tanpa alasan.				
11. Fikiran saya tenang seperti dahulu.				
12. Saya berasa mudah untuk melakukan perkara seperti dahulu.				
13. Saya berasa tidak tenang dan tidak boleh berdiam diri.				
14. Saya berasa penuh harapan pada masa hadapan.				
15. Saya mudah tersinggung daripada biasa.				
16. Saya mudah untuk membuat keputusan.				
17. Saya rasa bahawa saya berguna dan diperlukan				
18. Saya hidup penuh keceriaan.				
19. Saya rasa adalah lebih baik jika saya meninggal dunia.				
20. Saya gemar melakukan tabiat yang sama.				

Lampiran C

PENGESAHAN TERJEMAHAN

"Saya mengesahkan bahawa terjemahan Soal Selidik **SKALA ANGGARAN**

SENDIRI ZUNG (SELF-RATING SCALE) daripada versi Bahasa Inggeris ke

versi Bahasa Melayu mempunyai kesamaan dari segi maksud dan maknanya."

TANDATANGAN :   ………………………………..

NAMA   :   **Dr Roslee Bin Ahmad**

                     Pensyarah Kanan (Bimbingan & Kaunseling)

                     Fakulti Pendidikan

                     UTM

TARIKH   :   ………………………………..